발전한어 发展汉语

DEVELOPING CHINESE

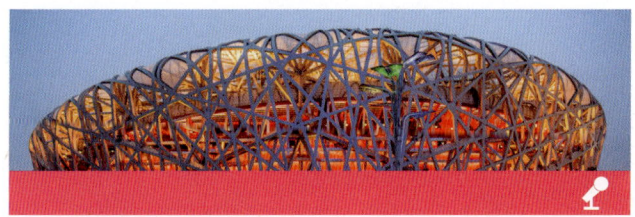

말하기
중급 1

북경어언대학출판사 편
원제 发展汉语(第二版)_初级口语(Ⅱ)
편저 王淑红, 么书君 | 번역 강희명

다락원

발전한어 发展汉语 말하기 중급 1

편저 王淑红, 么书君
번역 강희명
펴낸이 정규도
펴낸곳 (주)다락원

초판 1쇄 발행 2015년 7월 10일
초판 4쇄 발행 2023년 9월 21일

기획·편집 홍주현, 고은지, 이상윤
디자인 박나래, 최영란
일러스트 채원희

다락원 경기도 파주시 문발로 211
전화 (02) 736-2031(내선 250~252 / 내선 430~439)
팩스 (02) 732-2037
출판등록 1977년 9월 16일 제406-2008-000007호

Copyright ⓒ 2011, 北京语言大学出版社
한국 내 Copyright ⓒ 2015, (주)다락원

이 책의 한국 내 저작권은 北京语言大学出版社와의 독점 계약으로 (주)다락원이 소유합니다.

저자 및 출판사의 허락 없이 이 책의 일부 또는 전부를 무단 복제·전재·발췌할 수 없습니다. 구입 후 철회는 회사 내규에 부합하는 경우에 가능하므로 구입처에 문의하시기 바랍니다. 분실·파손 등에 따른 소비자 피해에 대해서는 공정거래위원회에서 고시한 소비자 분쟁 해결 기준에 따라 보상 가능합니다. 잘못된 책은 바꿔 드립니다.

ISBN 978-89-277-2166-6 18720
978-89-277-2112-3(set)

www.darakwon.co.kr
다락원 홈페이지를 방문하시면 상세한 출판 정보와 함께 동영상 강좌, MP3 자료 등 다양한 어학 정보를 얻으실 수 있습니다.

발전 한어 시리즈

『발전 한어』시리즈는 중국어 교재 베스트셀러로 꾸준한 사랑을 받아 온 북경어언대학출판사의 대표 대외 한어 시리즈인 『发展汉语(第二版)』의 한국어판이다.

중국 정부에서는 『发展汉语(第二版)』를 '普通高等教育〈十一五〉国家级规划教材'의 하나로 선정하여 대내외적으로 널리 홍보한 바 있다. 북경어언대학출판사에서는 양질의 대외 한어 교재를 위해 '发展汉语教材编写委员会' 및 '发展汉语教材编辑委员会'를 특별히 구성하여 다양한 내용과 창의적인 구성으로 단순한 중국어 학습뿐 아니라, 역사와 문화 등 중국의 전반적인 생활을 학습할 수 있는 본 시리즈를 출간하였고, 다락원은 이 『发展汉语(第二版)』를 한국 내 학습자의 수요에 맞춰 기존 중국어 분야별 시리즈와는 차별화하여 기초 학습자부터 시작할 수 있는 난도의 시리즈로 대학 및 학원에서 널리 쓰일 수 있게 출간하게 되었다.

듣기·말하기·읽기·쓰기 네 분야가 수준별로 출간되어 수업 내용에 따라 채택할 수 있으며, 듣기·독해·쓰기의 세 분야로 출제되는 新HSK와도 밀접하게 연계하여 학습할 수 있다. 『발전 한어』시리즈는 다음과 같이 **듣기 4종**[듣기 초급 1, 듣기 초급 2, 듣기 중급 1, 듣기 중급 2], **말하기 4종**[말하기 초급 1, 말하기 초급 2, 말하기 중급 1, 말하기 중급 2], **읽기·쓰기 3종**[읽기·쓰기 초급 1, 읽기·쓰기 초급 2, 읽기·쓰기 중급]의 총 11권으로 출간된다.

	중국어판	한국어판
듣기	发展汉语(第二版)_初级听力(Ⅰ)	발전 한어 듣기 초급 1 발전 한어 듣기 초급 2
	发展汉语(第二版)_初级听力(Ⅱ)	발전 한어 듣기 중급 1 발전 한어 듣기 중급 2
말하기	发展汉语(第二版)_初级口语(Ⅰ)	발전 한어 말하기 초급 1 발전 한어 말하기 초급 2
	发展汉语(第二版)_初级口语(Ⅱ)	발전 한어 말하기 중급 1 발전 한어 말하기 중급 2
읽기·쓰기	发展汉语(第二版)_初级读写(Ⅰ) 发展汉语(第二版)_初级读写(Ⅱ)	발전 한어 읽기·쓰기 초급 1 발전 한어 읽기·쓰기 초급 2 발전 한어 읽기·쓰기 중급

체계적으로 출간되는 분야별 교재 시리즈인 『발전 한어』시리즈로, 앞으로 많은 중국어 학습자들이 중국어 실력을 한 단계 한 단계 탄탄하게 쌓아가길 바란다.

다락원 중국어 출판부

차례

들어가는 말　　3
차례　　4
이 책의 구성과 특징　　6
일러두기　　8

01 我哪儿都没去过。　　10
Wǒ nǎr dōu méi qùguo. 나는 아무 데도 못 가 봤어요.

02 晚上早点儿睡。　　20
Wǎnshang zǎo diǎnr shuì. 밤에는 일찍 자도록 해요.

03 咱们去爬山吧。　　30
Zánmen qù pá shān ba. 우리 등산 가요.

04 我帮你拿上去吧。　　40
Wǒ bāng nǐ ná shàngqu ba. 내가 당신이 들고 올라가는 걸 도와줄게요.

05 他是从新加坡来的。　　50
Tā shì cóng Xīnjiāpō lái de. 그는 싱가포르에서 왔어요.

06 这个颜色挺适合你的。　　60
Zhège yánsè tǐng shìhé nǐ de.
이 색깔은 당신에게 정말 잘 어울려요.

- **07** 越快越好。　72
  Yuè kuài yuè hǎo.　빠르면 빠를수록 좋아요.

- **08** 虽然听不懂，但是我喜欢。　82
  Suīrán tīng bu dǒng, dànshì wǒ xǐhuan.　비록 알아듣지는 못해도 나는 좋아해요.

- **09** 我怎么也睡不着。　92
  Wǒ zěnme yě shuì bu zháo.　나는 도무지 잠을 잘 수가 없어요.

- **10** 地铁比公共汽车快。　102
  Dìtiě bǐ gōnggòngqìchē kuài.　지하철이 버스보다 빨라요.

- **11** 去药店不如去医院。　112
  Qù yàodiàn bùrú qù yīyuàn.　약국에 가는 것보다 병원에 가는 게 나아요.

- **12** 家家都是新房子。　122
  Jiā jiā dōu shì xīn fángzi.　집집마다 모두 새 집이에요.

모범답안·해석

이 책의 구성과 특징

발전 한어 말하기 중급

『발전 한어 말하기 중급』은 기본적인 중국어 문형 이해와 표현 능력을 갖춘 중급 학습자를 대상으로 한 말하기 교재이다. 『발전 한어 말하기 중급 1』, 『발전 한어 말하기 중급 2』의 두 권으로 출간되며, 각 권은 자신의 감정을 능숙하게 표현하고 타인과 원활하게 교류할 수 있도록 하는 반복적인 표현 연습으로 이루어진다.
『발전 한어 말하기 중급 1』, 『발전 한어 말하기 중급 2』의 학습을 마치고 나면 1,000~1,200개의 상용 단어 및 표현을 습득하게 되며, 新HSK 4급 정도의 실력을 쌓게 된다.

각 과의 학습은 '말하기 훈련 → 필수 표현 → 말하기 연습 → 실전 말하기 연습'의 순서로 체계적으로 진행된다.

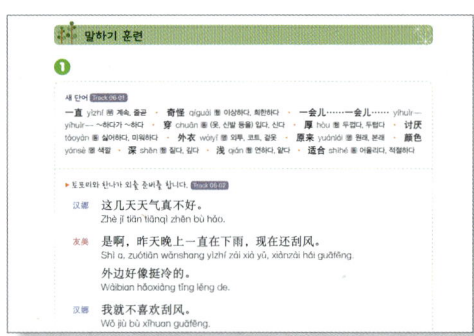

말하기 훈련

일상적이고 실용적인 대화로 이루어진 두 개의 본문을 읽고 이해하는 훈련을 한다. 다양한 어휘와 표현을 익히고, 본문 하단의 3~5개의 문제로 본문 내용을 간단히 체크해 볼 수 있다.

필수 표현

'말하기 훈련'에서 꼭 기억해 둘 핵심 표현을 다시 한 번 짚어 주는 코너이다. 일상생활 속에서 활용도가 높은 표현과 문장들이니 여러 번 읽으며 익혀 두는 것이 좋다.

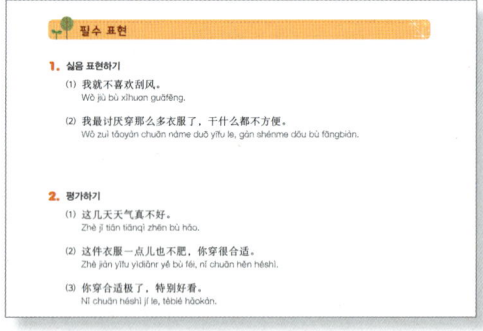

말하기 연습

'말하기 훈련'과 '필수 표현'에서 배운 내용을 반복 학습할 수 있는 다양한 연습이 제시된다. 발음에 유의하며 따라 읽기, 단어나 문형의 용법을 생각하며 말하기, 교체 연습을 통한 주요 표현 익히기, 짧은 대화 완성하기 등을 통해 말하기 연습을 집중적으로 해 본다.

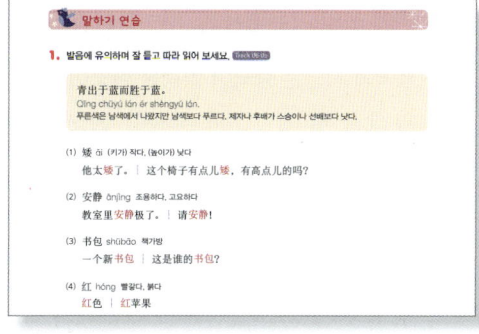

실전 말하기 연습

이메일 회신하기, 그림 묘사해 말하기, 역할극 등 각 과의 주제와 관련된 응용 연습을 통해 말하기 실력을 한층 업그레이드시킬 수 있다.

부록 모범답안·해석

각 과의 모든 코너에 대한 해석과 모범답안이다. 본문의 중국어 문장과 해석을 대조해 보면서 몰랐던 표현이나 새로운 단어를 익힐 수 있다.

MP3 다운로드

- 교재의 MP3 음원은 '다락원 홈페이지(www.darakwon.co.kr)'를 통해서 무료로 다운로드 할 수 있습니다.
- 스마트폰으로 QR코드를 스캔하면 MP3 다운로드 및 실시간 재생 가능한 페이지로 바로 연결됩니다.

일러두기

▶ **이 책에 쓰인 고유명사 표기는 다음과 같다.**

❶ 중국의 지명은 중국어 발음을 한국어로 표기했다.

예) 北京 베이징　　上海 상하이　　西安 시안

❷ 인명의 경우, 각 나라에서 실제로 불리는 발음을 기준으로 하여 한국어로 표기했다. 단, 정확한 발음을 확인할 수 없는 경우에는 중국어 발음을 기준으로 하여 한국어로 표기했다.

예) 李雪 (중국인) 리쉐　　朴大中 (한국인) 박대중　　友美 (일본인) 토모미

▶ **중국어의 품사는 다음과 같은 약어로 표기했다.**

명사/고유명사	명/고유	양사	양
대사	대	개사	개
동사	동	접속사	접
조동사	조동	감탄사	감
형용사	형	조사	조
부사	부	성어	성
수사	수	접두사/접미사	접두/접미

발전한어 发展汉语

말하기
중급 1

01 我哪儿都没去过。
Wǒ nǎr dōu méi qùguo.

나는 아무 데도 못 가 봤어요.

말하기 훈련

①

새 단어 Track 01-01

嘿 hēi 갑 어머, 얘[놀라움을 나타냄] · 好 hǎo 분 아주, 꽤, 정말[시간이 오래되거나 정도가 심함을 나타냄] · 好久 hǎojiǔ 형 오랫동안 · 参加 cānjiā 동 참가하다, 참여하다 · 培训 péixùn 동 양성하다, 훈련하다 · 刚 gāng 분 방금, 막 · 对了 duì le 아 참, 맞아 · 申请 shēnqǐng 동 신청하다 · 后来 hòulái 명 그 후, 그다음 · 让 ràng 동 (~에게) ~하게 하다 · 联系 liánxì 동 연락하다 · 见面 jiànmiàn 동 만나다 · 哪儿 nǎr 대 어디, 어느 곳

▶ 토모미는 베이징에서 친한 친구 스즈키를 우연히 만났습니다. Track 01-02

友美　嘿，这不是铃木吗?
　　　Hēi, zhè bú shì Língmù ma?

　　　你什么时候也来北京了?
　　　Nǐ shénme shíhou yě lái Běijīng le?

铃木　友美，好久不见。
　　　Yǒuměi, hǎojiǔ bú jiàn.

　　　我来参加汉语培训，前天刚到。
　　　Wǒ lái cānjiā Hànyǔ péixùn, qiántiān gāng dào.

友美　真没想到在这儿看见你。
　　　Zhēn méi xiǎngdào zài zhèr kànjiàn nǐ.

　　　来北京培训多长时间?
　　　Lái Běijīng péixùn duō cháng shíjiān?

铃木　一共三个月，在北京两个月，香港一个月。
　　　Yígòng sān ge yuè, zài Běijīng liǎng ge yuè, Xiānggǎng yí ge yuè.

友美	对了，我来的时候，你妹妹也在申请来中国， Duì le, wǒ lái de shíhou, nǐ mèimei yě zài shēnqǐng lái Zhōngguó, 后来怎么样了？ hòulái zěnmeyàng le?
铃木	她现在在西安学习汉语，昨天打电话， Tā xiànzài zài Xī'ān xuéxí Hànyǔ, zuótiān dǎ diànhuà, 她还让我跟你联系呢。 tā hái ràng wǒ gēn nǐ liánxì ne.
友美	真的吗？我和她也很长时间没见面了。 Zhēn de ma? Wǒ hé tā yě hěn cháng shíjiān méi jiànmiàn le.
铃木	哎，你去过西安吗？ Āi, nǐ qùguo Xī'ān ma?
友美	还没有，来了这么长时间， Hái méiyǒu, láile zhème cháng shíjiān, 每天都在上课，我哪儿都没去过。 měitiān dōu zài shàngkè, wǒ nǎr dōu méi qùguo.
铃木	那咱们找机会一起去吧。 Nà zánme zhǎo jīhuì yìqǐ qù ba.
友美	好啊。 Hǎo a.

■ 위의 대화 내용을 바탕으로 다음 질문에 답하세요.

(1) 友美知道铃木来北京吗？

(2) 友美认识铃木的妹妹吗？

(3) 铃木来北京做什么？

(4) 友美去过什么地方？

2

새 단어 Track 01-03

习惯 xíguàn 동 익숙해지다, 적응하다, 습관이 되다 · 生活 shēnghuó 동 생활하다, 살다 · 什么 shénme 대 무엇, 무슨, 어떤 · 导游 dǎoyóu 명 여행 가이드, 관광 안내원 · 带 dài 동 데리고 가다, 이끌다 · 好好儿 hǎohāor 부 잘, 충분히, 제대로 · 事 shì 명 일 · 的话 dehuà 조 ~이라면, ~이면 · 陪 péi 동 동반하다, 수행하다, 모시다 · 充电器 chōngdiànqì 명 충전기 · 电池 diànchí 명 건전지 · 熟悉 shúxī 동 잘 알다, 익숙하다 · 得 děi 조동 ~해야 한다 · 转 zhuàn 동 둘러보다, 돌다

▶ 길에서 이야기를 나누던 토모미와 스즈키는 함께 슈퍼마켓에 가려고 합니다. Track 01-04

友美 你妹妹在西安怎么样?
　　 Nǐ mèimei zài Xī'ān zěnmeyàng?

　　 对那儿习惯了吗?
　　 Duì nàr xíguàn le ma?

铃木 她说已经习惯了,
　　 Tā shuō yǐjīng xíguàn le,

　　 学习啊、生活啊, 什么都很方便,
　　 xuéxí a、shēnghuó a, shénme dōu hěn fāngbiàn,

　　 她很喜欢西安。
　　 tā hěn xǐhuan Xī'ān.

友美 真想去看看她。
　　 Zhēn xiǎng qù kànkan tā.

铃木 可以啊, 我们一起去, 让我妹妹做咱们的导游。
　　 Kěyǐ a, wǒmen yìqǐ qù, ràng wǒ mèimei zuò zánmen de dǎoyóu.

友美 对, 让她带我们好好儿玩儿玩儿。
　　 Duì, ràng tā dài wǒmen hǎohāor wánrwanr.

铃木 没问题。哎, 你现在有事吗?
　　 Méi wèntí. Āi, nǐ xiànzài yǒu shì ma?

友美 怎么, 你现在就要去吗?
　　 Zěnme, nǐ xiànzài jiù yào qù ma?

铃木　不是。要是你没事的话，能陪我去买东西吗？
　　　Bú shì. Yàoshi nǐ méi shì dehuà, néng péi wǒ qù mǎi dōngxi ma?

友美　可以啊，你打算买什么？
　　　Kěyǐ a, nǐ dǎsuan mǎi shénme?

铃木　吃的、用的，什么都要买。
　　　Chī de、yòng de, shénme dōu yào mǎi.

　　　最重要的是先买充电器和电池。
　　　Zuì zhòngyào de shì xiān mǎi chōngdiànqì hé diànchí.

友美　那我们去超市吧。
　　　Nà wǒmen qù chāoshì ba.

铃木　好啊。我哪儿都不认识，
　　　Hǎo a. Wǒ nǎr dōu bú rènshi,

　　　什么地方都不熟悉。
　　　shénme dìfang dōu bù shúxī.

　　　你得带我好好儿转转。
　　　Nǐ děi dài wǒ hǎohāor zhuànzhuan.

友美　好，我先做你的导游吧。
　　　Hǎo, wǒ xiān zuò nǐ de dǎoyóu ba.

■ 위의 대화 내용을 바탕으로 다음 질문에 답하세요.

(1) 铃木的妹妹现在怎么样？

(2) 友美和铃木有什么打算？

(3) 铃木现在要做什么？

(4) 铃木对这里熟悉吗？

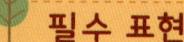 **필수 표현**

1. 인사 및 안부 묻기

(1) 嘿，这不是铃木吗?
   Hēi, zhè bú shì Língmù ma?

(2) 嘿，老张!
   Hēi, Lǎo Zhāng!

(3) 好久不见。
   Hǎojiǔ bú jiàn.

(4) 你最近怎么样?
   Nǐ zuìjìn zěnmeyàng?

(5) A 你现在习惯了吗?
   Nǐ xiànzài xíguàn le ma?

   B 已经习惯了。
   Yǐjīng xíguàn le.

2. 놀라움과 뜻밖의 감정 표현하기

(1) 真没想到在这儿看见你。
   Zhēn méi xiǎngdào zài zhèr kànjiàn nǐ.

(2) 真的吗?
   Zhēn de ma?

3. 부탁 및 요청하기

(1) 让她做我们的导游，带我们好好儿玩儿玩儿。
   Ràng tā zuò wǒmen de dǎoyóu, dài wǒmen hǎohāor wánrwanr.

(2) 要是你没事的话，能陪我去买东西吗?
   Yàoshi nǐ méi shì dehuà, néng péi wǒ qù mǎi dōngxi ma?

(3) 你有时间的话，陪我去超市吧!
   Nǐ yǒu shíjiān dehuà, péi wǒ qù chāoshì ba!

(4) 你得带我好好儿转转。
　　Nǐ děi dài wǒ hǎohāor zhuànzhuan.

말하기 연습

1. 발음에 유의하며 잘 듣고 따라 읽어 보세요. Track 01-05

> 一年之计在于春，一日之计在于晨。
> Yì nián zhī jì zàiyú chūn, yí rì zhī jì zàiyú chén.
> 한 해의 계획은 봄에 달려 있고 하루의 계획은 새벽에 달려 있다.

(1) 赢 yíng 이기다, 승리하다
　　我们赢了。 ｜ 比赛赢了。

(2) 准备 zhǔnbèi 준비하다
　　准备考试 ｜ 准备好了吗?

(3) 封 fēng 통[편지 등 우편물을 세는 단위]
　　一封邮件 ｜ 一封信

(4) 这里 zhèlǐ 여기, 이곳
　　喜欢这里 ｜ 来过这里

(5) 那里 nàli 저기, 저곳, 거기, 그곳
　　知道那里 ｜ 习惯那里的生活

2. 큰 소리로 말해 보세요.

(1) 好 hǎo 아주, 꽤, 정말
　　好久 ｜ 好多 ｜ 好忙啊!

(2) 刚 gāng 방금, 막, 겨우, 간신히

刚听说 | 刚认识一两天 | 刚学了半年 | 刚去过上海

(3) 哪儿 nǎr 어디, 어느 곳

我哪儿都想去。| 他哪儿都熟悉。| 我哪儿都没去过。

(4) 好好儿 hǎohāor 잘, 충분히, 제대로

好好儿想想 | 好好儿学习

(5) 的话 dehuà ~이라면, ~이면

你不去的话，我自己去。| 要是可以的话，我也试试。

(6) 得 děi ~해야 한다

你得参加。| 你得自己去。| 我们得好好儿工作。

3. 문장 속 밑줄 친 부분을 아래에 제시된 표현으로 바꿔 말해 보세요.

(1) 这不是铃木吗?

> ★ 那 / 姚明　★ 这 / 地铁站　★ 那 / 马丁的书
> ★ 今天 / 考试　★ 下午 / 没有课

(2) A 真没想到在这儿看见你。
　　B 我也没想到。

> ★ 他也来了　★ 面试这么容易　★ 这个电影这么有意思
> ★ 看广告也能学汉语　★ 今天的比赛他们赢了

(3) A 下午李雪给你打电话了，你不在。
　　B 哦，她说什么?
　　A 她让你给她回电话。

> ★ 帮她修电脑　★ 帮她买一本书　★ 明天早上7点在车站等她
> ★ 帮她找一个语伴

(4) A 你想去哪儿玩儿?
    B 去哪儿都行。

> ★ 去 / 买 / 去　★ 坐 / 吃 / 坐　★ 在 / 见面 / 在　★ 到 / 旅行 / 到

(5) A 他认识那里吗?
    B 当然,他什么地方都认识。

> ★ 知道这里 / 什么地方 / 知道　★ 参加这个培训 / 什么培训 / 参加
> ★ 今天下午有时间 / 什么时候 / 有时间
> ★ 喜欢看这个电影 / 什么电影 / 喜欢看

(6) A 要是你没事的话,咱们一起去买东西吧。
    B 太好了,我正想去商店呢。

> ★ 你有时间 / 去旅行 / 想去旅行　★ 可以 / 一起参加汉语比赛 / 准备
> ★ 你高兴 / 一起租房子 / 找人　★ 可以 / 骑自行车去 / 想骑车去

(7) A 你能陪我去买东西吗?
    B 对不起,要是有时间的话,我一定去。
    A 没关系。

> ★ 逛公园　★ 去买书　★ 去办手续　★ 去修电脑

4. 괄호 안에 주어진 표현을 활용하여 문장을 완성해 보세요.

(1) A 这不是铃木吗? 你好啊!
    B 友美! _____了。(好久)
    A 是啊,我们一年没见了。
    B 时间_____! (过得……)

(2) A 嘿，这不是铃木吗？

B 友美？_____。（没想到）

A 你怎么来上海了？

B _____。（培训）

A 见到你真高兴。

(3) A _____给你打电话，你不在。（刚才）

B 是吗？他说什么？

A _____。（让）

B 好的，我现在就给他打电话。

(4) A _____？（习惯）

B 已经习惯了，我很喜欢这里。

A 你都去了什么地方？

B 我太忙了，_____。（哪儿）

(5) A 我对这儿不熟悉，_____？（陪）

B 当然可以，你想什么时候去？

A _____。（什么时候）

B 要是方便的话，_____。（我们）

A 好，那我们就现在去吧。

(6) A 你什么时候参加考试？

B 下星期一。

A _____，_____。
（重要 / 得 děi / 好好儿）

B 我知道，我一定好好儿准备。

(7) A 你对这个地方熟悉吗?

　　B 我不太熟悉，我朋友特别熟悉。

　　A 能＿＿＿＿＿＿＿＿＿＿＿＿＿＿＿＿？（让 / 导游）

　　B 没问题，我让他做你们的导游。

 실전 말하기 연습

1. 다음 이메일을 보고 답장할 내용을 말해 보세요.

发件人 From	阿龙
收件人 To	×××
抄送 CC	
主题 Subject	好久不见
附件 Attached file	

×××：

　　你最近好吗?

　　很长时间没联系了，你怎么样？听说你现在在中国，对那里的生活习惯吗？有没有很多新朋友？你以前很喜欢旅行，中国有那么多名胜古迹，你是不是去了很多地方？我和朋友们都很想你，跟我们说说你在中国的生活吧。

　　　　　　　　　　　　　　　　　　　　你的朋友　阿龙

02 晚上早点儿睡。
Wǎnshang zǎo diǎnr shuì.
밤에는 일찍 자도록 해요.

말하기 훈련

1

새 단어 Track 02-01

问题 wèntí 몡 질문, 문제 · 运动会 yùndònghuì 몡 운동회 · 通知 tōngzhī 통 통지하다, 알리다 · 集合 jíhé 통 모이다, 집합하다 · 早 zǎo 형 이르다, 빠르다 · 建议 jiànyì 통 제안하다, 건의하다 · (一)点儿 (yì)diǎnr 조금, 약간 · 入乡随俗 rù xiāng suí sú 솅 그 고장에 가면 그 고장의 풍속을 따른다, 로마에 가면 로마법을 따른다 · 意思 yìsi 몡 뜻, 의미 · 成语 chéngyǔ 몡 성어 · 遵守 zūnshǒu 통 따르다, 지키다, 준수하다 · 风俗 fēngsú 몡 풍속 · 有用 yǒuyòng 형 유용하다, 쓸모 있다 · 记 jì 통 기억하다, 적다, 기록하다 · 记住 jìzhù 기억해 두다, 암기하다, 명심하다

▶ 제이슨과 한나가 이야기를 나누고 있습니다. Track 02-02

杰森　汉娜，我想问一个问题，可以吗？
　　　Hànnà, wǒ xiǎng wèn yí ge wèntí, kěyǐ ma?

汉娜　当然可以，什么问题，你说吧。
　　　Dāngrán kěyǐ, shénme wèntí, nǐ shuō ba.

杰森　明天开运动会，老师通知大家，
　　　Míngtiān kāi yùndònghuì, lǎoshī tōngzhī dàjiā,

　　　早上7点在操场集合，为什么这么早啊？
　　　zǎoshang qī diǎn zài cāochǎng jíhé, wèishénme zhème zǎo a?

汉娜　早吗？中国人都习惯早睡早起。
　　　Zǎo ma? Zhōngguórén dōu xíguàn zǎo shuì zǎo qǐ.

杰森　现在每天8点就上课，太早了，
　　　Xiànzài měitiān bā diǎn jiù shàngkè, tài zǎo le,

　　　我早上特别不想起床。
　　　wǒ zǎoshang tèbié bù xiǎng qǐchuáng.

汉娜　中国的学校，都是8点上课。
　　　Zhōngguó de xuéxiào, dōu shì bā diǎn shàngkè.

　　　我建议你晚上早点儿睡，早睡就能早起。
　　　Wǒ jiànyì nǐ wǎnshang zǎo diǎnr shuì, zǎo shuì jiù néng zǎo qǐ.

杰森　为什么不能晚一点儿上课呢？
　　　Wèishénme bù néng wǎn yìdiǎnr shàngkè ne?

汉娜　我看你呀，还是入乡随俗吧。
　　　Wǒ kàn nǐ ya, háishi rù xiāng suí sú ba.

　　　我刚来的时候也不习惯。
　　　Wǒ gāng lái de shíhou yě bù xíguàn.

　　　在中国生活了半年，觉得早睡早起也不错。
　　　Zài Zhōngguó shēnghuóle bàn nián, juéde zǎo shuì zǎo qǐ yě búcuò.

杰森　入乡随俗？"入乡随俗"是什么意思？
　　　Rù xiāng suí sú? "Rù xiāng suí sú" shì shénme yìsi?

汉娜　这是汉语的一个成语，意思是，到什么地方，
　　　Zhè shì Hànyǔ de yí ge chéngyǔ, yìsi shì, dào shénme dìfang,

　　　就要遵守那儿的风俗习惯。
　　　jiù yào zūnshǒu nàr de fēngsú xíguàn.

杰森　哦，入乡随俗，这个词有用，我得记住。
　　　Ò, rù xiāng suí sú, zhège cí yǒuyòng, wǒ děi jìzhù.

■ 위의 대화 내용을 바탕으로 다음 질문에 답하세요.

(1) 杰森问汉娜一个什么问题？

(2) 为什么杰森觉得8点上课太早？

(3) 中国人的习惯是什么？

(4) 汉娜给杰森一个什么建议？

(5) 汉娜已经"入乡随俗"了吗？

2

새 단어 Track 02-03

- **都** dōu 부 이미, 벌써
- **告诉** gàosu 동 말하다, 알리다
- **吸引** xīyǐn 동 매료시키다, 끌어당기다
- **挺** tǐng 부 매우, 대단히, 정말
- **懂** dǒng 동 알다, 이해하다
- **字幕** zìmù 명 자막
- **别** bié 부 ~하지 마라
- **叫** jiào 동 부르다, 불러오다
- **不过** búguò 접 하지만, 그러나
- **怕** pà 동 (~일까 봐) 걱정하다, 근심하다
- **熬夜** áoyè 동 밤을 새우다
- **偶尔** ǒu'ěr 부 이따금, 간혹

▶ 모두 운동장에 모였는데, 제이슨이 늦게 왔습니다. Track 02-04

汉娜 你怎么才来啊?
Nǐ zěnme cái lái a?

都七点一刻了。
Dōu qī diǎn yí kè le.

杰森 没关系，就晚了一会儿。
Méiguānxi, jiù wǎnle yíhuìr.

汉娜 昨天不是告诉你了吗?
Zuótiān bú shì gàosu nǐ le ma?

要早点儿睡觉。
Yào zǎo diǎnr shuìjiào.

杰森 昨天晚上，我和同屋看电影，
Zuótiān wǎnshang, wǒ hé tóngwū kàn diànyǐng,

快两点才睡。
kuài liǎng diǎn cái shuì.

汉娜 快两点才睡? 太晚了。
Kuài liǎng diǎn cái shuì? Tài wǎn le.

什么电影这么吸引人?
Shénme diànyǐng zhème xīyǐn rén?

杰森 是一个中国电影，
Shì yí ge Zhōngguó diànyǐng,

挺不错的。
tǐng búcuò de.

汉娜	中国电影?	
	Zhōngguó diànyǐng?	
	能听懂吗?	
	Néng tīngdǒng ma?	
杰森	一边听，一边看字幕，	
	Yìbiān tīng, yìbiān kàn zìmù,	
	差不多都能懂。	
	chàbuduō dōu néng dǒng.	
汉娜	你的汉语进步得真快。	
	Nǐ de Hànyǔ jìnbù de zhēn kuài.	
	对了，下次有好电影，	
	Duì le, xià cì yǒu hǎo diànyǐng,	
	别忘了叫我一起看。	
	bié wàngle jiào wǒ yìqǐ kàn.	
杰森	好啊，不过，就怕你不能熬夜。	
	Hǎo a, búguò, jiù pà nǐ bù néng áoyè.	
汉娜	偶尔一两次，没问题。	
	Ǒu'ěr yì liǎng cì, méi wèntí.	

■ 위의 대화 내용을 바탕으로 다음 질문에 답하세요.

(1) 杰森为什么来晚了?

(2) 杰森怎么看中国电影?

(3) 汉娜也想做什么?

(4) 汉娜能熬夜吗?

필수 표현

1. 불만 표현하기

(1) 太早了。
Tài zǎo le.

(2) 太贵了。
Tài guì le.

(3) 你怎么才来？都七点一刻了。
Nǐ zěnme cái lái? Dōu qī diǎn yí kè le.

(4) 昨天不是告诉你了吗？要早点儿睡觉。
Zuótiān bú shì gàosu nǐ le ma? Yào zǎo diǎnr shuìjiào.

2. 제안하기

(1) 我建议你晚上早点儿睡。
Wǒ jiànyì nǐ wǎnshang zǎo diǎnr shuì.

(2) 我看你呀，还是入乡随俗吧。
Wǒ kàn nǐ ya, háishi rù xiāng suí sú ba.

(3) 我看你还是先打个电话问问吧。
Wǒ kàn nǐ háishi xiān dǎ ge diànhuà wènwen ba.

3. 설명하기

(1) "入乡随俗"是汉语的一个成语。
"Rù xiāng suí sú" shì Hànyǔ de yí ge chéngyǔ.

(2) "入乡随俗"的意思是，
"Rù xiāng suí sú" de yìsi shì,

到什么地方，就要遵守那儿的风俗习惯。
dào shénme dìfang, jiù yào zūnshǒu nàr de fēngsú xíguàn.

4. 평가 및 판단하기

(1) 我觉得早睡早起也不错。
Wǒ juéde zǎo shuì zǎo qǐ yě búcuò.

(2) 那个电影挺不错的。
Nàge diànyǐng tǐng búcuò de.

(3) 你这件衣服挺好看的。
Nǐ zhè jiàn yīfu tǐng hǎokàn de.

말하기 연습

1. 발음에 유의하며 잘 듣고 따라 읽어 보세요. Track 02-05

> 千里之行，始于足下。
> Qiān lǐ zhī xíng, shǐ yú zú xià.
> 천 리 길도 한 걸음부터 시작한다.

(1) 走 zǒu 걷다, 가다, 떠나다

　　我该走了。 ｜ 咱们出去走走吧。

(2) 展览 zhǎnlǎn 전시회

　　看展览 ｜ 这个展览挺好的。

(3) 票 piào 표, 티켓

　　一张票 ｜ 这不是火车票，这是飞机票。

(4) 礼物 lǐwù 선물

　　买礼物 ｜ 这是送给你的礼物。

2. 큰 소리로 말해 보세요.

(1) (一)点儿 (yì)diǎnr 조금, 약간

早(一)点儿睡 | 多喝(一)点儿水 | 明天你早(一)点儿来。

(2) 记住 jìzhù 기억해 두다, 암기하다, 명심하다

记不住 | 记得住 | 能记住一些 | 记住生词 | 记住老师的名字

(3) 都 dōu 이미, 벌써

都12点了，该睡觉了。 | 他都30岁了，还没有工作。

(4) 告诉 gàosu 말하다, 알리다

告诉我 | 让他告诉你吧。 | 告诉你一个好消息

(5) 挺……的 tǐng……de 매우 ~하다

挺有用的 | 挺吸引人的 | 他挺喜欢熬夜的。

(6) 别 bié ~하지 마라

别看。 | 别说了。 | 以后别熬夜了。

(7) 怕 pà (~일까 봐) 걱정하다, 근심하다

怕你忘了 | 怕你记不住 | 怕你不喜欢 | 怕你不认识那儿

3. 문장 속 밑줄 친 부분을 아래에 제시된 표현으로 바꿔 말해 보세요.

(1) <u>同屋建议我晚上早点儿睡</u>。

> ★ 妈妈 / 去中国学汉语　★ 老师 / 多和中国朋友聊天儿
> ★ 朋友 / 好好儿看看这本书　★ 同学 / 早点儿去医院

(2) A　我看你呀，还是<u>入乡随俗</u>吧。
　　B　好吧，听你的。

> ★ 别去了　★ 跟我们去旅游吧
> ★ 好好儿准备考试吧　★ 别画画儿了，学书法吧

26

(3) A 你怎么才来啊？晚会都开始了。
　　B 对不起，我晚了。

★ 起床 / 别人 / 走了　★ 到 / 大家 / 等你呢
★ 来 / 考试 / 快完了　★ 出来 / 车 / 快开了

(4) 昨天不是告诉你了吗？晚上早点儿睡。

★ 不能天天熬夜　★ 别忘了带护照
★ 别坐汽车，坐地铁　★ 先问问路怎么走

(5) A 对了，下次有好电影别忘了我。
　　B 好，一定叫你一起去。

★ 你们出去玩儿 / 去　★ 你们走的时候 / 走
★ 你们租房子 / 租　★ 你去看展览 / 去看

(6) A 明天咱们考试，别忘了叫我早点儿起。
　　B 好，没问题。

★ 去看展览 / 带上票　★ 去李雪家 / 带上给她的礼物
★ 有汉语比赛 / 早点儿去　★ 去银行 / 换点儿钱

(7) A 我也想看电视剧。
　　B 好啊，不过，就怕你不能熬夜。

★ 去旅游 / 没时间　★ 看书法展览 / 没兴趣
★ 看中国电影 / 看不懂　★ 吃中餐 / 不习惯

4. 괄호 안에 주어진 표현을 활용하여 문장을 완성해 보세요.

(1) A 我想问一个问题，可以吗？

　　B 当然可以，_____，_____。（问题）

　　A 为什么咱们每天8点就上课？太早了。

　　B 不早吧，中国人_____。（习惯）

(2) A 汉娜，每天早上我都不想起床，怎么办呀？

　　B _____，早睡就能早起。（建议）

　　A 咱们为什么不能晚一点儿上课呢？

　　B 我刚开始也不习惯。在中国生活了半年，_____。（觉得）

(3) A 我不想去吃饭，我对中餐特别不习惯。

　　B 我看你呀，还是入乡随俗吧。

　　A _____？（什么意思）

　　B 入乡随俗是汉语的一个成语，意思是，到什么地方，_____。（遵守）

(4) A 我不是告诉你了吗？9点到，别晚了，你还是晚了。

　　B 我9点到了，刚才_____。（买票）

　　A 哦，对不起。

　　B 没关系，我听说_____。（展览 / 挺……的）

　　A 我也听说_____。（展览）

(5) A 看什么书呢，这么吸引你？

　　B _____。（本）

　　A 汉语书？能看懂吗？

B 一边查词典，一边看，＿＿＿＿＿＿＿＿＿＿＿＿＿＿＿＿。（差不多）

A ＿＿＿＿＿＿＿＿＿＿＿＿＿＿＿。（进步）

(6) A 明天星期六，8点不上课，能好好儿睡一觉了。

B 太好了，我＿＿＿＿＿＿＿＿＿＿＿＿＿＿。（晚点儿）

A 对了，你明天去银行，别忘了叫我一起去。

B 好啊，不过，＿＿＿＿＿＿＿＿＿＿＿＿＿＿。（怕）

A 你别上午去了，＿＿＿＿＿＿＿＿＿＿＿＿怎么样？（下午）

B 下午去也行。

실전 말하기 연습

1. 그림을 보고 제이슨의 하루를 평가하고 개선할 점이 무엇인지 말해 보세요.

8:30 a.m.

9:00 a.m.

12:30 p.m.

3:00 p.m.

9:15 p.m.

1:30 a.m.

03 咱们去爬山吧。
Zánmen qù pá shān ba.
우리 등산 가요.

말하기 훈련

1

새 단어 Track 03-01

越来越 yuè lái yuè 점점, 더욱더 · **暖和** nuǎnhuo 형 따뜻하다 · **哎** āi 감 아, 어, 야, 저기, 참[놀라움을 표현하거나 주의를 환기함] · **出去** chūqu 동 나가다, 외출하다 · **开学** kāixué 동 개강하다, 개학하다 · **紧张** jǐnzhāng 형 바쁘다, 긴박하다, 긴장하다, 불안하다 · **复习** fùxí 동 복습하다 · **努力** nǔlì 동 노력하다, 열심이다 · **如果** rúguǒ 접 만약, 만일 · **爬** pá 동 (높은 곳에) 오르다, 기다 · **山** shān 명 산 · **热** rè 형 덥다, 뜨겁다 · **正** zhèng 부 마침, 바로, 꼭 · **合适** héshì 형 적당하다, 알맞다

▶ 곧 봄입니다. 날씨가 점점 따뜻해지니 토모미와 친구들은 등산을 가고 싶어 합니다. Track 03-02

友美　天气越来越暖和了。
　　　Tiānqì yuè lái yuè nuǎnhuo le.

汉娜　是啊，春天快到了。
　　　Shì a, chūntiān kuài dào le.

友美　哎，明天周末，没有课，咱们出去玩儿，好不好？
　　　Āi, míngtiān zhōumò, méiyǒu kè, zánmen chūqu wánr, hǎo bu hǎo?

汉娜　刚开学，学习挺紧张的。
　　　Gāng kāixué, xuéxí tǐng jǐnzhāng de.

　　　别出去了，在家复习吧。
　　　Bié chūqu le, zài jiā fùxí ba.

友美　咱们每天都很努力，周末应该休息休息了。
　　　Zánmen měitiān dōu hěn nǔlì, zhōumò yīnggāi xiūxi xiūxi le.

汉娜　好吧，咱们去哪儿呢？
　　　Hǎo ba, zánmen qù nǎr ne?

友美　如果天气好，咱们就去爬山；
　　　Rúguǒ tiānqì hǎo, zánmen jiù qù pá shān;

　　　如果天气不好，咱们就去看展览。
　　　rúguǒ tiānqì bù hǎo, zánmen jiù qù kàn zhǎnlǎn.

汉娜　我刚才看电视了，天气预报说，
　　　Wǒ gāngcái kàn diànshì le, tiānqì yùbào shuō,

　　　明天是晴天，最高气温15度。
　　　míngtiān shì qíngtiān, zuì gāo qìwēn shíwǔ dù.

友美　太好了，不冷也不热，
　　　Tài hǎo le, bù lěng yě bú rè,

　　　爬山正合适。
　　　pá shān zhèng héshì.

汉娜　哎，我们也问问别的同学吧，
　　　Āi, wǒmen yě wènwen bié de tóngxué ba,

　　　看谁想去，我们大家一起去。
　　　kàn shéi xiǎng qù, wǒmen dàjiā yìqǐ qù.

友美　好主意。
　　　Hǎo zhǔyi.

■ 위의 대화 내용을 바탕으로 다음 질문에 답하세요.

(1) 最近天气怎么样？

(2) 友美周末想干什么？

(3) 汉娜为什么不想去？

(4) 汉娜为什么又愿意出去玩儿了？

(5) 周末天气怎么样？干什么好？

2

새 단어 Track 03-03

门口 ménkǒu 명 입구, 정문, 현관 · 风景 fēngjǐng 명 경치, 풍경 · 空气 kōngqì 명 공기 · 愿意 yuànyì 조동 (~하기를) 바라다, 희망하다, 원하다 · 上 shàng 동 ~하게 되다, ~에 다다르다, ~에 달하다[동사 뒤에 쓰여 목적의 실현, 가능, 일정한 위치에 도달했음을 나타냄] · 野餐 yěcān 동 야외에서 식사하다, 피크닉을 가다 · 读 dú 동 읽다, 보다 · 郊外 jiāowài 명 교외 · 新鲜 xīnxiān 형 신선하다, 싱싱하다, 깨끗하다 · 优美 yōuměi 형 우아하고 아름답다 · 地点 dìdiǎn 명 지점, 장소, 위치 · 加 jiā 동 더하다, 보태다

▶ 토포미와 한나가 소풍 공고에 관해 이야기를 나누고 있습니다. Track 03-04

友美　我们怎么联系大家呢？打电话？
　　　Wǒmen zěnme liánxì dàjiā ne? Dǎ diànhuà?

汉娜　哎，咱们写个通知，贴在宿舍楼门口，怎么样？
　　　Āi, zánmen xiě ge tōngzhī, tiē zài sùshèlóu ménkǒu, zěnmeyàng?

友美　行，贴那儿大家都能看见。
　　　Xíng, tiē nàr dàjiā dōu néng kànjiàn.

　　　不过，怎么写呢？
　　　Búguò, zěnme xiě ne?

汉娜　就写：周末天气不错，我们打算去爬山，
　　　Jiù xiě: Zhōumò tiānqì búcuò, wǒmen dǎsuan qù pá shān,

　　　那里风景漂亮，空气好。如果谁愿意参加，
　　　nàli fēngjǐng piàoliang, kōngqì hǎo. Rúguǒ shéi yuànyì cānjiā,

　　　请和我们联系。
　　　qǐng hé wǒmen liánxì.

友美　我们再买一些吃的带上，就可以在那儿野餐了。
　　　Wǒmen zài mǎi yìxiē chī de dàishang, jiù kěyǐ zài nàr yěcān le.

汉娜　好，一定有好多同学想去。
　　　Hǎo, yídìng yǒu hǎo duō tóngxué xiǎng qù.

友美　对了，还得写上7点在学校门口集合，
　　　Duì le, hái děi xiěshang qī diǎn zài xuéxiào ménkǒu jíhé,

　　　我们要早一点儿走。
　　　wǒmen yào zǎo yìdiǎnr zǒu.

汉娜	写好了，你看，行吗？ Xiěhǎo le, nǐ kàn, xíng ma?
友美	你的字越来越漂亮了。我来读一下： Nǐ de zì yuè lái yuè piàoliang le. Wǒ lái dú yíxià: "通知：大家好，周末我们打算去郊外爬山、野餐， "Tōngzhī: Dàjiā hǎo, zhōumò wǒmen dǎsuan qù jiāowài pá shān、yěcān, 那里有山有水，空气新鲜，风景优美。 nàli yǒu shān yǒu shuǐ, kōngqì xīnxiān, fēngjǐng yōuměi. 有愿意参加的朋友，请和我们联系。 Yǒu yuànyì cānjiā de péngyou, qǐng hé wǒmen liánxì. 周末天气：晴，气温15度左右。 Zhōumò tiānqì: qíng, qìwēn shíwǔ dù zuǒyòu. 集合时间：周六早上7点。 Jíhé shíjiān: Zhōuliù zǎoshang qī diǎn. 集合地点：学生公寓门口。" Jíhé dìdiǎn: Xuésheng gōngyù ménkǒu." 太棒了！ Tài bàng le!
汉娜	我忘了写联系人和电话了。 Wǒ wàngle xiě liánxìrén hé diànhuà le.
友美	没关系，加在后边就可以了。 Méiguānxi, jiā zài hòubian jiù kěyǐ le.

■ 위의 대화 내용을 바탕으로 다음 질문에 답하세요.

(1) 她们准备怎么联系大家？

(2) 她们想把通知贴在哪儿？

(3) 通知的主要内容是什么？

(4) 汉娜忘了写什么？

필수 표현

1. 상의하기

(1) 明天周末，咱们出去玩儿，好不好？
Míngtiān zhōumò, zánmen chūqu wánr, hǎo bu hǎo?

(2) 我们怎么联系大家呢？
Wǒmen zěnme liánxì dàjiā ne?

(3) 咱们写个通知，贴在楼门口，怎么样？
Zánmen xiě ge tōngzhī, tiē zài lóu ménkǒu, zěnmeyàng?

(4) 通知写好了，你看，行吗？
Tōngzhī xiěhǎo le, nǐ kàn, xíng ma?

2. 칭찬하기

(1) 好主意。 Hǎo zhǔyi.

(2) 你的字越来越漂亮了。 Nǐ de zì yuè lái yuè piàoliang le.

(3) 太棒了！ Tài bàng le!

3. 설명하기

(1) 天气预报说，明天是晴天，最高气温15度。
Tiānqì yùbào shuō, míngtiān shì qíngtiān, zuì gāo qìwēn shíwǔ dù.

(2) 那里有山有水，空气新鲜，风景优美。
Nàli yǒu shān yǒu shuǐ, kōngqì xīnxiān, fēngjǐng yōuměi.

(3) 集合时间：周六早上7点。
Jíhé shíjiān: Zhōuliù zǎoshang qī diǎn.

(4) 集合地点：学生公寓门口。
Jíhé dìdiǎn: Xuésheng gōngyù ménkǒu.

4. 의견 받아들이기

(1) 好吧，咱们去哪儿呢？
Hǎo ba, zánmen qù nǎr ne?

(2) 可以，天气不好咱们就去看展览。
Kěyǐ, tiānqì bù hǎo zánmen jiù qù kàn zhǎnlǎn.

(3) 行，贴那儿大家都能看见。
Xíng, tiē nàr dàjiā dōu néng kànjiàn.

(4) 好，一定有好多同学想去。
Hǎo, yídìng yǒu hǎo duō tóngxué xiǎng qù.

말하기 연습

1. 발음에 유의하며 잘 듣고 따라 읽어 보세요. Track 03-05

> 有志者，事竟成。
> Yǒu zhìzhě, shì jìng chéng.
> 뜻이 있는 곳에 길이 있다.

(1) 需要 xūyào 필요하다, 요구되다
需要什么？ ｜ 他们需要帮助。

(2) 胖 pàng 뚱뚱하다
弟弟很胖。 ｜ 他不胖。

(3) 瘦 shòu 마르다, 여위다, 꼭 끼다
妹妹太瘦了。 ｜ 他最近瘦了。

(4) 肥 féi 헐렁하다, 살찌다, 지방이 많다
衣服太肥了。 ｜ 有肥点儿的吗？

2. 큰 소리로 말해 보세요.

(1) 越来越 yuè lái yuè 점점, 더욱더
　　人越来越多。 ｜ 他的汉语越来越好。

(2) 如果 rúguǒ 만약, 만일
　　如果需要帮忙，我帮你。 ｜ 如果下雨，我就不去了。

(3) 不……也不…… bù……yě bù…… ~하지 않고 ~하지도 않다
　　不大也不小 ｜ 不胖也不瘦 ｜ 这件衣服不长也不短，正合适。

(4) 哎 āi 아, 어, 야, 저기, 참[놀라움을 표현하거나 주의를 환기함]
　　哎，这不是铃木吗？ ｜ 哎，你的雨伞还在教室呢吧？

(5) 愿意 yuànyì (~하기를) 바라다, 희망하다, 원하다
　　不愿意 ｜ 很愿意 ｜ 他愿意的话，也可以一起来。

(6) 些 xiē 약간, 일부, 몇몇
　　一些 ｜ 这些 ｜ 那些 ｜ 有些 ｜ 有些人不喜欢这些书。

3. 문장 속 밑줄 친 부분을 아래에 제시된 표현으로 바꿔 말해 보세요.

(1) A 咱们出去玩儿，好不好？
　　B 好啊。

> ★ 我们周末去爬山　★ 咱们去郊外野餐　★ 咱们写个通知告诉大家
> ★ 你们晚上早点儿睡觉　★ 你以后别熬夜了

(2) 天气越来越暖和了。

> ★ 东西 / 贵　★ 他的书法 / 漂亮　★ 风 / 大
> ★ 他们的宿舍 / 干净　★ 出国旅游的人 / 多

(3) 如果天气好，咱们就去爬山；如果天气不好，咱们就去看展览。

- ★ 葡萄好吃 / 买葡萄 / 梨好吃 / 买梨
- ★ 下雨 / 不去 / 不下雨 / 去
- ★ 人多 / 坐地铁 / 人少 / 坐汽车
- ★ 买到票 / 看电影 / 买不到票 / 逛商店

(4) A 明天天气怎么样？
    B 不冷也不热，爬山正合适。

- ★ 这件衣服怎么样 / 大 / 小 / 我穿
- ★ 我来晚了吧 / 早 / 晚 / 你来得
- ★ 您看，钱对吗 / 多 / 少 / 这钱
- ★ 我太胖了吧 / 胖 / 瘦 / 你现在
- ★ 这件衣服太肥了吧 / 肥 / 瘦 / 他穿

(5) 谁愿意参加，请和我们联系。

- ★ 爬山 / 请告诉马丁   ★ 参加HSK考试 / 请和李老师联系
- ★ 学习书法 / 我可以教   ★ 去西安旅游 / 请和我联系

(6) 咱们也问问别的同学，看谁想去，大家一起去。

- ★ 需要买 / 大家一起买   ★ 想学做饺子 / 大家一起学
- ★ 起得早 / 让他叫咱们   ★ 会唱歌 / 让他教咱们

(7) A 我忘了写联系人了。
    B 没关系，加在后边就可以了。

- ★ 名字 ★ 我住在哪儿 ★ 电话 ★ 手机号码 ★ 时间

4. 괄호 안에 주어진 표현을 활용하여 문장을 완성해 보세요.

(1) A 天气越来越冷了。

　　B 是啊，_____了。（冬天）

　　A 周末我得去商店买两件衣服。

　　B 我也想买呢，_____。（一起）

(2) A 星期天我想去爬山，你去吗？

　　B 我觉得_____。（累）

　　A 你怎么了，是不是病了？

　　B 可能_____，也许休息休息就好了。（太紧张）

(3) A 放假咱们去郊外野餐吧。

　　B 好啊，我听说郊外_____，去玩儿的人挺多的。（风景）

　　A 咱们再问问别的同学吧，_____。（看谁）

　　B 好主意。

(4) A 天气预报说，明天阴天，可能有小雨。

　　B _____。（如果）

　　A 要是下雨的话，_____？（展览）

　　B 行。

(5) A 我怎么_____？（联系）

　　B 这是我的名片，上面有电话号码。

　　A 哦，还有手机号码。_____？（电子邮件）

　　B _____。（当然）

(6) A _____? 明天不开运动会了，下周五开。（通知）

　　B 通知? 哪儿有通知啊?

　　A 就_____，你没看见吗?（贴）

　　B 那我得下楼_____。（好好儿）

(7) A 友美，明天天气特别好，气温15度左右。

　　B _____，郊游_____。（不……也不……/ 合适）

　　A 别忘了，7点集合。

　　B _____?（地点）

　　A 对，是学校门口。

 실전 말하기 연습

1. 다음 공고의 주요 내용이 무엇인지 말해 보세요.

通　知

　　天气越来越暖和了，春天正是爬山的好时候，周末我们打算去郊外。那里有山有水，风景优美，空气新鲜。我们可以爬山，可以野餐。有愿意参加的朋友，请和我们联系。

周末天气：晴，气温15度左右。
集合时间：周六早上7点。
集合地点：学生公寓门口。
联系人：马丁
手机：15521789999
E-MAIL: mading@163.com

04 我帮你拿上去吧。
Wǒ bāng nǐ ná shàngqu ba.
내가 당신이 들고 올라가는 걸 도와줄게요.

말하기 훈련

①

새 단어 Track 04-01

请 qǐng 동 초대하다 · 几 jǐ 수 몇 · 酒 jiǔ 명 술 · 花 huā 명 꽃 · 零食 língshí 명 간식, 군것질거리 · 上去 shàngqu 동 올라가다 · 电梯 diàntī 명 엘리베이터, 승강기 · 管理 guǎnlǐ 동 관리하다, 돌보다 · 员 yuán 접미 어떤 분야나 조직에 종사하는 사람, 구성원 · 管理员 guǎnlǐyuán 명 관리인, 관리 직원, 경비 · 下来 xiàlai 동 내려오다 · 空(儿) kòng(r) 명 시간, 짬 · 过来 guòlai 동 오다, 다가오다, 건너오다 · 过去 guòqu 동 가다, 지나가다, 건너가다

▶ 제니는 기숙사 건물 입구에서 토포미를 만났습니다. Track 04-02

珍妮 友美，要帮忙吗?
Yǒuměi, yào bāngmáng ma?

友美 哦，珍妮，不用了。
Ò, Zhēnní, búyòng le.

珍妮 你怎么买了这么多东西啊?
Nǐ zěnme mǎile zhème duō dōngxi a?

友美 下午想请几个朋友来我这儿，
Xiàwǔ xiǎng qǐng jǐ ge péngyou lái wǒ zhèr,

所以买了一些水果、酒什么的。
suǒyǐ mǎile yìxiē shuǐguǒ、jiǔ shénmede.

珍妮 还有花，还有零食。这么多，你怎么拿上去啊?
Hái yǒu huā, hái yǒu língshí. Zhème duō, nǐ zěnme ná shàngqu a?

友美 没关系，马上就到电梯了。
Méiguānxi, mǎshàng jiù dào diàntī le.

珍妮	电梯坏了，管理员说下午才能修好。 Diàntī huài le, guǎnlǐyuán shuō xiàwǔ cái néng xiūhǎo.	
友美	啊？那，我让同屋下来帮我拿吧。 Á? Nà, wǒ ràng tóngwū xiàlai bāng wǒ ná ba.	
珍妮	别叫她了，我帮你拿上去吧。 Bié jiào tā le, wǒ bāng nǐ ná shàngqu ba. 你住五层吧？ Nǐ zhù wǔ céng ba?	
友美	对，五层。太谢谢你了。 Duì, wǔ céng. Tài xièxie nǐ le. 你下午有空儿吗？没事的话， Nǐ xiàwǔ yǒu kòngr ma? Méi shì dehuà, 也过来一起聊聊天儿吧。 yě guòlai yìqǐ liáoliáotiānr ba.	
珍妮	不过去了，下午有个中国朋友要来。 Bú guòqu le, xiàwǔ yǒu ge Zhōngguó péngyou yào lái.	
友美	那就让他一起来吧，我们也想多认识几个朋友。 Nà jiù ràng tā yìqǐ lái ba, wǒmen yě xiǎng duō rènshi jǐ ge péngyou.	
珍妮	好吧。 Hǎo ba.	

■ 위의 대화 내용을 바탕으로 다음 질문에 답하세요.

(1) 友美为什么要买很多东西？

(2) 友美都买了什么？

(3) 她们为什么不用电梯？

(4) 下午珍妮准备和朋友做什么？

2

새 단어 Track 04-03

进去 jìnqu 동 들어가다 · 辛苦 xīnkǔ 형 고생스럽다, 수고가 많다, 고되다 · 像 xiàng 동 (~과) 같다, 닮다, 비슷하다 · 想 xiǎng 동 그리워하다, 보고 싶다 · 谁 shéi 대 누구, 아무 · 经常 jīngcháng 부 자주, 늘, 항상, 종종 · 迟到 chídào 동 지각하다 · 其实 qíshí 부 사실은, 실제는 · 发现 fāxiàn 동 발견하다, 알아차리다 · 好处 hǎochu 명 장점, 좋은 점, 이로운 점 · 第 dì 접두 제, ~번째[수사 앞에서 차례를 나타냄] · 身体 shēntǐ 명 신체, 몸, 건강 · 担心 dānxīn 동 걱정하다, 염려하다, 근심하다

▶ 제니는 토모미를 도와서 물건을 방까지 들어 주었습니다. Track 04-04

友美　我们到了。
　　　Wǒmen dào le.

珍妮　我帮你把东西拿进去吧。
　　　Wǒ bāng nǐ bǎ dōngxi ná jìnqu ba.

友美　好，谢谢。辛苦你了。
　　　Hǎo, xièxie. Xīnkǔ nǐ le.

珍妮　别客气，好久没来你这儿了，
　　　Bié kèqi, hǎojiǔ méi lái nǐ zhèr le,

　　　你这儿越来越像家了。
　　　nǐ zhèr yuè lái yuè xiàng jiā le.

友美　我也觉得，住在这里越来越舒服。
　　　Wǒ yě juéde, zhù zài zhèlǐ yuè lái yuè shūfu.

珍妮　还那么想家吗？
　　　Hái nàme xiǎng jiā ma?

友美　好多了。刚来的时候，谁都不认识，一个朋友也没有，
　　　Hǎoduō le. Gāng lái de shíhou, shéi dōu bú rènshi, yí ge péngyou yě méiyǒu,

　　　所以特别想家。
　　　suǒyǐ tèbié xiǎng jiā.

珍妮　我刚来的时候也一样，
　　　Wǒ gāng lái de shíhou yě yíyàng,

　　　现在一点儿问题也没有了。
　　　xiànzài yìdiǎnr wèntí yě méiyǒu le.

友美	不过，我还是不习惯那么早起床，那么早上课。 Búguò, wǒ háishi bù xíguàn nàme zǎo qǐchuáng, nàme zǎo shàngkè.
珍妮	现在还经常迟到吗？ Xiànzài hái jīngcháng chídào ma?
友美	如果晚上睡得太晚， Rúguǒ wǎnshang shuì de tài wǎn, 偶尔还会迟到。 ǒu'ěr hái huì chídào.
珍妮	其实，我发现，早睡早起挺好的， Qíshí, wǒ fāxiàn, zǎo shuì zǎo qǐ tǐng hǎo de, 真有不少好处。 zhēn yǒu bù shǎo hǎochu.
友美	是吗？你说说，我听听。 Shì ma? Nǐ shuōshuo, wǒ tīngting.
珍妮	第一，早起床，就有时间吃早饭，对身体好； Dì-yī, zǎo qǐchuáng, jiù yǒu shíjiān chī zǎofàn, duì shēntǐ hǎo; 第二，不用担心迟到； dì-èr, búyòng dānxīn chídào; 第三，早点儿去教室，可以先看看书。 dì-sān, zǎo diǎnr qù jiàoshì, kěyǐ xiān kànkan shū.

■ 위의 대화 내용을 바탕으로 다음 질문에 답하세요.

(1) 友美的房间怎么样？

(2) 友美、珍妮刚来的时候怎么样？

(3) 友美现在还迟到吗？

(4) 早睡早起有什么好处？

필수 표현

1. 초대하기

(1) 下午有空儿吗？没事的话，也过来一起聊聊天儿吧。
Xiàwǔ yǒu kòngr ma? Méi shì dehuà, yě guòlai yìqǐ liáoliáotiānr ba.

(2) 有时间吗？有时间的话一起去看电影怎么样？
Yǒu shíjiān ma? Yǒu shíjiān dehuà yìqǐ qù kàn diànyǐng zěnmeyàng?

(3) 那就让他一起来吧，我们也想多认识几个朋友。
Nà jiù ràng tā yìqǐ lái ba, wǒmen yě xiǎng duō rènshi jǐ ge péngyou.

2. 거절하기

(1) 不过去了，下午有个中国朋友要来。
Bú guòqu le, xiàwǔ yǒu ge Zhōngguó péngyou yào lái.

3. 열거하기

(1) 下午想请几个朋友来我这儿，
Xiàwǔ xiǎng qǐng jǐ ge péngyou lái wǒ zhèr,

所以买了一些水果、酒什么的。
suǒyǐ mǎile yìxiē shuǐguǒ、jiǔ shénmede.

(2) 第一，早起床，就有时间吃早饭，对身体好；
Dì-yī, zǎo qǐchuáng, jiù yǒu shíjiān chī zǎofàn, duì shēntǐ hǎo;

第二，不用担心迟到；第三，早点儿去教室，可以先看看书。
dì-èr, búyòng dānxīn chídào; dì-sān, zǎo diǎnr qù jiàoshì, kěyǐ xiān kànkan shū.

말하기 연습

1. 발음에 유의하며 잘 듣고 따라 읽어 보세요. Track 04-05

> 远亲不如近邻。
> Yuǎn qīn bùrú jìn lín.
> 멀리 사는 친척보다 가까운 이웃이 낫다.

(1) 坏处 huàichu 나쁜 점, 해로운 점, 단점
　　这么做有坏处吗？ ｜ 只有好处，没有坏处。

(2) 光盘 guāngpán CD, DVD, 콤팩트디스크
　　电影光盘 ｜ 一张光盘

(3) 话 huà 말, 이야기
　　我的话很重要。 ｜ 说了很多话

(4) 句 jù 마디, 편[말이나 시문을 세는 단위]
　　一句话 ｜ 这句话用汉语怎么说？

2. 큰 소리로 말해 보세요.

(1) 请 qǐng 초대하다, (존중의 의미로) ~하세요
　　请客 ｜ 今天我请客。 ｜ 请你说说。 ｜ 请他来我家。

(2) 동+上去 동+shàngqu (아래에서 위로) 올라가다, (가까운 곳에서 먼 곳으로) 가다
　　走上去 ｜ 放上去 ｜ 把车开上去 ｜ 把东西带上去

(3) 员 yuán 어떤 분야나 조직에 종사하는 사람, 구성원
　　服务员 ｜ 运动员

(4) 空儿 kòngr 시간, 짬
　　我今天没空儿。 ｜ 有空儿来玩儿。

(5) 동＋进去 동+jìnqu 들어가다[동작이 밖에서 안으로 향함을 나타냄]

装进去 ｜ 放进去 ｜ 他把球踢进去了。

(6) 辛苦 xīnkǔ 고생스럽다, 수고가 많다, 고되다

辛苦一下吧。 ｜ 辛苦了，快休息休息。

(7) 谁 shéi 누구, 아무

谁都不认识。 ｜ 谁都不迟到。 ｜ 谁都愿意参加。 ｜ 谁都喜欢她。 ｜
谁都听不懂我的话。

(8) 一……也＋没/不…… yī……yě+méi/bù…… 하나의 ~도 ~하지 못하다

一个字也不会写 ｜ 我一点儿也没听懂。

(9) 担心 dānxīn 걱정하다, 염려하다, 근심하다

不担心 ｜ 很担心 ｜ 别担心 ｜ 一点儿也不担心 ｜ 担心考试不及格

3. 문장 속 밑줄 친 부분을 아래에 제시된 표현으로 바꿔 말해 보세요.

(1) 我们买了很多东西，水果、酒什么的。

> ★ 喜欢各种水果 / 苹果、香蕉　★ 准备了不少礼物 / 书、光盘、酒
> ★ 常常出去 / 逛逛商店、听听音乐会
> ★ 周末就在家里 / 喝喝茶、聊聊天儿

(2) A 明天有空儿吗? 没事的话，过来一起聊聊天儿吧。
    B 不过去了，我的作业还没做完呢。

> ★ 有时间 / 一起去郊游 / 不去了　★ 有空儿 / 一起去看展览 / 不行
> ★ 有空儿 / 带我们去玩儿 / 对不起　★ 有时间 / 陪我去买光盘 / 不行

(3) A 我帮你把东西拿进去吧。
    B 好的，谢谢。

> ★ 桌子 / 搬进去　★ 衣服 / 放进去　★ 葡萄酒 / 装进去

(4) A 我刚来的时候，谁都不认识，一个朋友也没有。
B 我和你一样，不过现在好多了。

★ 什么 / 不会说 / 个汉字 / 不会写   ★ 什么 / 不知道 / 句话 / 听不懂
★ 什么 / 没学过 / 句话 / 不会说

(5) A 我一点儿问题也没有。
B 那好。

★ 钱 / 没带 / 我这儿有   ★ 作业 / 没做 / 那快做吧
★ 东西 / 不想吃 / 还是吃点儿吧   ★ 酒 / 不能喝 / 那就别喝了

(6) A 我发现你经常去书店，你好像很喜欢买书。
B 其实，我不太喜欢，是我朋友喜欢。

★ 逛商店 / 买东西   ★ 打乒乓球 / 运动
★ 去商店 / 买零食   ★ 买光盘 / 看电影

4. 괄호 안에 주어진 표현을 활용하여 문장을 완성해 보세요.

(1) A 友美，买了这么多东西啊。
B 哦，_____来我这儿。（请）
A 都是好吃的东西吧？
B 对，我买了_____。（什么的）

(2) A 铃木，要帮忙吗？
B 哦，_____，东西不多。（用）
A 可是电梯坏了，还是我帮你_____吧。（上去）
B 啊？又坏了。那就谢谢你了。
A 不客气。

(3) A 喂，马丁，你＿＿＿＿＿＿＿＿＿＿＿＿＿＿吗？（有空儿）

　　B 有，我现在没事。

　　A 我买了很多东西，你能＿＿＿＿＿＿＿＿＿＿？我在一层。（上去）

　　B 好的，我马上＿＿＿＿＿＿＿＿＿＿＿＿。（下来）

(4) A 我请了几个朋友来我家，没事的话，

　　　＿＿＿＿＿＿＿＿＿＿＿＿＿＿吧。（过来）

　　B ＿＿＿＿＿＿＿＿＿＿＿＿＿，明天还有考试呢。（过去）

　　A 那好吧，＿＿＿＿＿＿＿＿＿＿＿＿。（好好儿）

　　B 好的。

(5) A 你好久没来了，请进。

　　B 啊，你这儿真好，＿＿＿＿＿＿＿＿＿＿＿＿＿。（像）

　　A 我也觉得跟家差不多，很舒服。

　　B 你刚来的时候，＿＿＿＿＿＿＿＿＿＿＿，现在怎么样？（想家）

　　A 好多了，偶尔还会想家，不过＿＿＿＿＿＿＿＿＿＿＿。（越来越）

(6) A 你现在还常常想家吗？

　　B 好多了。刚来的时候，＿＿＿＿＿＿＿＿＿＿＿＿，没有朋友，
　　　所以特别想家。（谁）

　　A 我也一样，现在好了，＿＿＿＿＿＿＿＿＿＿＿＿＿。（一点儿）

　　B ＿＿＿＿＿＿＿＿＿＿＿＿＿，我越来越喜欢这里。（发现）

(7) A 友美，你怎么这么早就睡觉？

　　B 老师说，要早点儿睡，早点儿起。

　　A 其实，早睡早起真的＿＿＿＿＿＿＿＿＿＿＿。（好处）

48

B 都有什么好处呢?

A _____;
第二, 不用担心迟到。(第一 / 对……好)

실전 말하기 연습

1. 다음 그림을 묘사하여 말해 보세요.

_____
_____
_____
_____
_____

05 他是从新加坡来的。
Tā shì cóng Xīnjiāpō lái de.
그는 싱가포르에서 왔어요.

말하기 훈련

1

새 단어 Track 05-01

中间 zhōngjiān 명 가운데, 중간, 사이 · **长** zhǎng 동 생기다, 자라다 · **帅** shuài 형 잘생기다, 멋지다 · **聪明** cōngming 형 똑똑하다, 총명하다, 영리하다 · **毕业** bìyè 동 졸업하다 · **位** wèi 양 명, 분 · **美女** měinǚ 명 미녀, 미인 · **噢** ō 갑 아, 오[놀람이나 깨달음을 표현함] · **好像** hǎoxiàng 부 마치 ~인 것 같다, ~과 비슷하다 · **介绍** jièshào 동 소개하다 · **新加坡** Xīnjiāpō 고유 싱가포르 · **剑桥大学** Jiànqiáo Dàxué 고유 케임브리지 대학교

▶ 토모미와 스즈키가 연수반 친구들에 대해 이야기를 나누고 있습니다. Track 05-02

友美　**你们的培训怎么样？**
　　　Nǐmen de péixùn zěnmeyàng?

铃木　**挺不错的，每天都有很多东西要学。**
　　　Tǐng búcuò de, měitiān dōu yǒu hěn duō dōngxi yào xué.

友美　**认识新朋友了吗？**
　　　Rènshi xīn péngyou le ma?

铃木　**当然。对了，我手机上有我们的照片。**
　　　Dāngrán. Duì le, wǒ shǒujī shang yǒu wǒmen de zhàopiàn.

友美　**让我看看。**
　　　Ràng wǒ kànkan.

铃木　**你看，中间这个是王云龙，是从新加坡来的；**
　　　Nǐ kàn, zhōngjiān zhège shì Wáng Yúnlóng, shì cóng Xīnjiāpō lái de;
　　　左边这个是卡尔，是从德国来的。
　　　zuǒbian zhège shì Kǎ'ěr, shì cóng Déguó lái de.

友美 卡尔他长得真帅。
Kǎ'ěr tā zhǎng de zhēn shuài.

铃木 对，还特别聪明。
Duì, hái tèbié cōngming.

他们说，他是英国剑桥大学毕业的。
Tāmen shuō, tā shì Yīngguó Jiànqiáo Dàxué bìyè de.

友美 哎，后边这位美女是谁？
Āi, hòubian zhè wèi měinǚ shì shéi?

铃木 这位是……，
Zhè wèi shì……,

噢，她是今天刚到的，
ō, tā shì jīntiān gāng dào de,

我还不知道她叫什么名字，
wǒ hái bù zhīdào tā jiào shénme míngzi,

好像是从韩国来的。
hǎoxiàng shì cóng Hánguó lái de.

友美 有机会的话，
Yǒu jīhuì dehuà,

一定介绍我们认识一下。
yídìng jièshào wǒmen rènshi yíxià.

铃木 好，没问题。
Hǎo, méi wèntí.

■ 위의 대화 내용을 바탕으로 다음 질문에 답하세요.

(1) 铃木的培训怎么样？

(2) 介绍一下铃木的新朋友王云龙。

(3) 介绍一下铃木的新朋友卡尔。

2

새 단어 Track 05-03

或者 huòzhě 졉 ~이거나, 혹은, 또는, ~이 아니면 · **最好** zuìhǎo 뷔 제일 좋은 것은, 가장 좋기는 · **停** tíng 동 멈추다, 서다, 세우다, 머물다 · **记得** jìde 동 기억하고 있다, 잊지 않고 있다 · **记者** jìzhě 명 기자 · **派** pài 동 파견하다[되다] · **宣传** xuānchuán 동 홍보하다, 광고하다 · **部** bù 졉미 부, 팀[기관이나 기업의 업무에 따라 나뉜 단위] · **宣传部** xuānchuánbù 명 홍보부, 홍보실 · **放心** fàngxīn 동 마음을 놓다, 안심하다

▶ 스즈키는 토모미와 주말에 교외로 나들이를 가기로 약속합니다. Track 05-04

铃木　**友美，你周末有没有时间？**
　　　Yǒuměi, Nǐ zhōumò yǒu méiyǒu shíjiān?

友美　**这个周末？有空儿，什么事？**
　　　Zhège zhōumò? Yǒu kòngr, shénme shì?

铃木　**我和几个朋友想去郊外看看，**
　　　Wǒ hé jǐ ge péngyou xiǎng qù jiāowài kànkan,

　　　你有兴趣吗？
　　　nǐ yǒu xìngqù ma?

友美　**好啊，你们打算怎么去？**
　　　Hǎo a, nǐmen dǎsuan zěnme qù?

铃木　**坐公共汽车或者骑车，都行。**
　　　Zuò gōnggòngqìchē huòzhě qí chē, dōu xíng.

友美　**最好骑车，这样方便，**
　　　Zuìhǎo qí chē, zhèyàng fāngbiàn,

　　　想在哪儿停一停、看一看都可以。
　　　xiǎng zài nǎr tíng yi tíng、kàn yi kàn dōu kěyǐ.

铃木　**好，听你的。**
　　　Hǎo, tīng nǐ de.

　　　对了，还记得我们培训班的那位美女吗？
　　　Duì le, hái jìde wǒmen péixùnbān de nà wèi měinǚ ma?

友美　**噢，照片上的那个，当然记得。**
　　　Ō, zhàopiàn shang de nàge, dāngrán jìde.

铃木	她也和我们一起去。 Tā yě hé wǒmen yìqǐ qù.
友美	真的，太棒了！ Zhēn de, tài bàng le! 你现在知道她的名字了吗？ Nǐ xiànzài zhīdào tā de míngzi le ma?
铃木	她叫金智慧，学新闻的。 Tā jiào Jīn Zhìhuì, xué xīnwén de.
友美	她是记者？ Tā shì jìzhě?
铃木	不是，她是一家韩国汽车公司派来的， Bú shì, tā shì yì jiā Hánguó qìchē gōngsī pài lái de, 好像在公司广告部或者宣传部工作。 hǎoxiàng zài gōngsī guǎnggàobù huòzhě xuānchuánbù gōngzuò.
友美	哦。那周末我们出去玩儿， Ō. Nà zhōumò wǒmen chūqu wánr, 你一定介绍我们认识。 nǐ yídìng jièshào wǒmen rènshi.
铃木	当然，放心吧。 Dāngrán, fàngxīn ba.

■ 위의 대화 내용을 바탕으로 다음 질문에 답하세요.

(1) 周末，铃木他们想去做什么？

(2) 铃木他们想怎么去？

(3) 友美觉得怎么去最好？为什么？

(4) 介绍一下铃木班里的美女。

 **필수 표현**

1. 소개하기

(1) 中间这个是王云龙，是从新加坡来的。
Zhōngjiān zhège shì Wáng Yúnlóng, shì cóng Xīnjiāpō lái de.

(2) 这个是卡尔，是从德国来的。
Zhège shì Kǎ'ěr, shì cóng Déguó lái de.

(3) 他是英国剑桥大学毕业的。
Tā shì Yīngguó Jiànqiáo Dàxué bìyè de.

(4) 她是今天刚到的，我还不知道她叫什么名字，
Tā shì jīntiān gāng dào de, wǒ hái bù zhīdào tā jiào shénme míngzi,

好像是从韩国来的。
hǎoxiàng shì cóng Hánguó lái de.

(5) 她叫金智慧，是学新闻的。
Tā jiào Jīn Zhìhuì, shì xué xīnwén de.

2. 초대하기

(1) 我和几个朋友想去郊外看看，你有兴趣吗?
Wǒ hé jǐ ge péngyou xiǎng qù jiāowài kànkan, nǐ yǒu xìngqù ma?

(2) 我们想请你一起去郊游，不知道你有没有时间。
Wǒmen xiǎng qǐng nǐ yìqǐ qù jiāoyóu, bù zhīdào nǐ yǒu méiyǒu shíjiān.

3. 주의 환기하기

(1) 你看，中间这个是王云龙，是从新加坡来的。
Nǐ kàn, zhōngjiān zhège shì Wáng Yúnlóng, shì cóng Xīnjiāpō lái de.

(2) 对了，还记得我们培训班的那位美女吗?
Duì le, hái jìde wǒmen péixùnbān de nà wèi měinǚ ma?

(3) 对了，我手机上有我们的照片。
   Duì le, wǒ shǒujī shang yǒu wǒmen de zhàopiàn.

(4) 哎，后边这位美女是谁？
   Āi, hòubian zhè wèi měinǚ shì shéi?

4. 의견에 따르기

(1) A 有机会的话，一定介绍我们认识一下。
      Yǒu jīhuì dehuà, yídìng jièshào wǒmen rènshi yíxià.

   B 好，没问题。
      Hǎo, méi wèntí.

(2) A 有机会介绍我们认识一下。
      Yǒu jīhuì jièshào wǒmen rènshi yíxià.

   B 可以，没问题。
      Kěyǐ, méi wèntí.

(3) A 最好骑车，这样方便，想在哪儿停一停、看一看都可以。
      Zuìhǎo qí chē, zhèyàng fāngbiàn, xiǎng zài nǎr tíng yi tíng、kàn yi kàn dōu kěyǐ.

   B 好，听你的。
      Hǎo, tīng nǐ de.

말하기 연습

1. 발음에 유의하며 잘 듣고 따라 읽어 보세요. Track 05-05

> 三人行，必有我师。
> Sān rén xíng, bì yǒu wǒ shī.
> 세 사람이 길을 가면 반드시 나의 스승이 있다. 누구에게나 배울 점이 있다.

(1) 树 shù 나무

树越来越高了。 | 这些树真漂亮！

(2) 草 cǎo 풀, 잔디

有花有草 | 我们在草地上玩儿。

(3) 种 zhòng 심다, 뿌리다

种树种草 | 我喜欢种花，更喜欢种树。

(4) 画儿 huàr 그림

一张画儿 | 我想学画画儿。

2. 큰 소리로 말해 보세요.

(1) 长 zhǎng 생기다, 자라다

树长高了。 | 我长大了。 | 他长得像爸爸。

(2) 聪明 cōngming 똑똑하다, 총명하다, 영리하다

他很聪明。 | 他是个聪明人。 | 这样做太不聪明了。

(3) 好像 hǎoxiàng 마치 ~인 것 같다, ~과 비슷하다

我好像没见过你。 | 我好像来过这里。

(4) 是……的 shì……de [방식·수단·날짜·목적 등을 강조함]

我是坐火车去的。 | 他是昨天来的。

(5) 或者 huòzhě ~이거나, 혹은, 또는, ~이 아니면

喝茶或者咖啡都行。 | 我想明天或者后天去。

(6) 最好 zuìhǎo 제일 좋은 것은, 가장 좋기는

最好听我的。 | 最好吃中餐。 | 你最好每天吃早饭。

(7) 放心 fàngxīn 마음을 놓다, 안심하다

不放心 | 很放心 | 放不下心 | 妈妈对我不放心。

3. 문장 속 밑줄 친 부분을 아래에 제시된 표현으로 바꿔 말해 보세요.

(1) 他是<u>英国剑桥大学毕业</u>的。

> ★ 学经济   ★ 从英国来   ★ 坐飞机去
> ★ 上个星期走   ★ 跟朋友一起看

(2) A 那位是谁?
　　B 我们班的新同学,她好像是<u>从韩国来</u>的。
　　A 有机会介绍我们认识一下。
　　B 可以,没问题。

> ★ 特别喜欢花、树、草什么的   ★ 汉语特别棒
> ★ 是画画儿的   ★ 是和她姐姐一起来的

(3) A 我想和几个朋友去<u>郊外</u>,你有兴趣吗?
　　B 好啊,你们打算怎么去?
　　A 最好是<u>骑车</u>,<u>骑车</u>方便。

> ★ 看展览 / 什么时候去 / 明天 / 明天 / 没有课
> ★ 旅游 / 去哪儿 / 哈尔滨 / 哈尔滨 / 有冰雪节

(4) A 你的意思是……。
　　B <u>坐公共汽车</u>或者<u>骑车</u>,都行。
　　A 那听你的吧。

> ★ 今天 / 明天   ★ 学画画儿 / 学唱歌   ★ 跟我走 / 跟他走

(5) A 你看,<u>这个地方</u><u>不错</u>吧?
　　B 真的<u>不错</u>!

> ★ 这种苹果 / 好吃 / 好吃   ★ 地铁 / 快 / 快
> ★ 今天的考试 / 不难 / 不难   ★ 这个词 / 有用 / 有用

(6) A 对了，听说你要出去玩儿。

B 是啊。

A 你出去玩儿，别忘了叫上我。

B 放心吧，一定叫上你。

★ 去种树 / 去种树 / 当然   ★ 申请参加球队 / 申请参加球队 / 行

4. 괄호 안에 주어진 표현을 활용하여 문장을 완성해 보세요.

(1) A 这张照片上都是谁啊？

B 他们是＿＿＿＿＿＿＿＿＿＿＿＿＿＿＿。（新）

A 中间这个人真高，他是哪国人？

B 他＿＿＿＿＿＿＿＿＿＿＿＿＿＿＿。（从……来）

(2) A 照片上，左边这个是你们的培训老师吗？

B 对。我们都觉得＿＿＿＿＿＿＿＿＿＿＿＿＿＿＿。（长）

A 他是挺帅的。

B 他还特别聪明，他们说他＿＿＿＿＿＿＿＿＿＿＿＿＿＿＿。（毕业）

(3) A 照片中间这位美女是谁？

B 我还不知道她的名字，＿＿＿＿＿＿＿＿＿＿＿＿＿＿＿。（刚到）

A 我觉得她很像韩国人。

B 噢，＿＿＿＿＿＿＿＿＿＿＿＿＿＿＿。（好像）

A ＿＿＿＿＿＿＿＿＿＿＿＿＿＿＿，一定介绍我们认识一下。（……的话）

(4) A 我们什么时候去郊外看看？

B 好啊，＿＿＿＿＿＿＿＿＿＿＿＿＿＿＿＿＿＿＿。（或者）

A 这个周末吧，这个周末天气好。

B 行。我们坐公共汽车还是骑车?

A 我觉得_____,这样方便。(最好)

(5) A 这位美女是谁啊?

B _____?她是大中的妹妹。(记得)

A 噢,她现在也在这里上大学?

B 不是,她是韩国公司_____,她来培训。(派)

(6) A 我记得你是学新闻的。

B 对,现在已经毕业了。

A _____?(记者)

B 不是,我在一家公司_____。(宣传部)

실전 말하기 연습

1. 다음 그림을 보고 각각의 인물들을 소개해 보세요.

06 这个颜色挺适合你的。
Zhège yánsè tǐng shìhé nǐ de.
이 색깔은 당신에게 정말 잘 어울려요.

말하기 훈련

1

새 단어 Track 06-01

一直 yìzhí 분 계속, 줄곧 • **奇怪** qíguài 형 이상하다, 희한하다 • **一会儿……一会儿……** yíhuìr…… yíhuìr…… ~하다가 ~하다 • **穿** chuān 동 (옷, 신발 등을) 입다, 신다 • **厚** hòu 형 두껍다, 두텁다 • **讨厌** tǎoyàn 동 싫어하다, 미워하다 • **外衣** wàiyī 명 외투, 코트, 겉옷 • **原来** yuánlái 분 원래, 본래 • **颜色** yánsè 명 색깔 • **深** shēn 형 짙다, 깊다 • **浅** qiǎn 형 연하다, 얕다 • **适合** shìhé 동 어울리다, 적절하다

▶ 토모미와 한나가 외출 준비를 합니다. Track 06-02

汉娜　这几天天气真不好。
　　　Zhè jǐ tiān tiānqì zhēn bù hǎo.

友美　是啊，昨天晚上一直在下雨，现在还刮风。
　　　Shì a, zuótiān wǎnshang yìzhí zài xià yǔ, xiànzài hái guāfēng.

　　　外边好像挺冷的。
　　　Wàibian hǎoxiàng tǐng lěng de.

汉娜　我就不喜欢刮风。
　　　Wǒ jiù bù xǐhuan guāfēng.

　　　这儿的天气真奇怪，一会儿冷，一会儿热。
　　　Zhèr de tiānqì zhēn qíguài, yíhuìr lěng, yíhuìr rè.

友美　这么冷，你得多穿点儿，我也得穿一件厚点儿的。
　　　Zhème lěng, nǐ děi duō chuān diǎnr, wǒ yě děi chuān yí jiàn hòu diǎnr de.

汉娜　我最讨厌穿那么多衣服了，干什么都不方便。
　　　Wǒ zuì tǎoyàn chuān nàme duō yīfu le, gàn shénme dōu bù fāngbiàn.

友美	哎，你这件外衣真不错，是新买的吧？ Āi, nǐ zhè jiàn wàiyī zhēn búcuò, shì xīn mǎi de ba?
汉娜	不是，是以前买的。原来有点儿肥，一直没穿。 Bú shì, shì yǐqián mǎi de. Yuánlái yǒudiǎnr féi, yìzhí méi chuān.
友美	一点儿也不肥，很合适。 Yìdiǎnr yě bù féi, hěn héshì.
汉娜	是啊，我长胖了。 Shì a, wǒ zhǎngpàng le.
友美	没有。你穿合适极了，特别好看。 Méiyǒu. Nǐ chuān héshì jí le, tèbié hǎokàn.
汉娜	我觉得这个颜色有点儿深， Wǒ juéde zhège yánsè yǒudiǎnr shēn, 浅一点儿就更好看了。你说呢？ qiǎn yìdiǎnr jiù gèng hǎokàn le. Nǐ shuō ne?
友美	我觉得这个颜色挺适合你的。 Wǒ juéde zhège yánsè tǐng shìhé nǐ de.
汉娜	好吧，就穿这件了。我们走吧。 Hǎo ba, jiù chuān zhè jiàn le. Wǒmen zǒu ba.

■ 위의 대화 내용을 바탕으로 다음 질문에 답하세요.

(1) 这几天天气怎么样？

(2) 为什么说这里的天气奇怪？

(3) 汉娜不喜欢什么？

(4) 汉娜觉得衣服怎么样？

(5) 友美觉得衣服怎么样？

2

새 단어 Track 06-03

出租 chūzū 통 세를 놓다, 임대하다 · **出租车** chūzūchē 명 택시 · **打车** dǎchē 통 택시를 타다, 택시를 잡다 · **没错** méi cuò 맞다, 틀림없다, 분명하다 · **辆** liàng 양 대[차량을 세는 단위] · **上学** shàngxué 통 등교하다, 학교에 다니다, 입학하다 · **比较** bǐjiào 부 비교적, 상대적으로 · **旧** jiù 형 낡다, 오래되다 · **二手** èrshǒu 형 중고의, 여러 사람의 손을 거친 · **百** bǎi 수 백, 100 · **商品** shāngpǐn 명 상품 · **市场** shìchǎng 명 시장 · **网上** wǎngshang 명 인터넷, 온라인

▶ 한나와 마틴이 어떻게 학교에 가는지 이야기하고 있습니다. Track 06-04

汉娜 你每天怎么去学校?
Nǐ měitiān zěnme qù xuéxiào?

马丁 我一般坐出租车。你呢?
Wǒ yìbān zuò chūzūchē. Nǐ ne?

汉娜 我原来也常常打车,
Wǒ yuánlái yě chángcháng dǎchē,

可是我觉得打车太贵了,
kěshì wǒ juéde dǎchē tài guì le,

现在我一般都坐地铁。
xiànzài wǒ yìbān dōu zuò dìtiě.

马丁 没错,我也觉得每天打车有点儿贵。
Méi cuò, wǒ yě juéde měitiān dǎchē yǒudiǎnr guì.

我想买一辆自行车,
Wǒ xiǎng mǎi yí liàng zìxíngchē,

以后骑车上学。
yǐhòu qí chē shàngxué.

汉娜 新车比较贵,
Xīn chē bǐjiào guì,

最好买旧的,旧的比较便宜。
zuìhǎo mǎi jiù de, jiù de bǐjiào piányi.

马丁 你说的旧车就是二手车吧?
Nǐ shuō de jiù chē jiù shì èrshǒu chē ba?

汉娜　对。要是我买的话，就买二手的，
　　　Duì. Yàoshi wǒ mǎi dehuà, jiù mǎi èrshǒu de,

　　　一两百就能买到。
　　　yì liǎng bǎi jiù néng mǎidào.

马丁　是吗？可是，在哪儿能买二手车呢？
　　　Shì ma? Kěshì, zài nǎr néng mǎi èrshǒu chē ne?

汉娜　好多自行车商店都有，还有二手商品市场，
　　　Hǎo duō zìxíngchē shāngdiàn dōu yǒu, hái yǒu èrshǒu shāngpǐn shìchǎng,

　　　或者在网上，都能买到。
　　　huòzhě zài wǎngshang, dōu néng mǎidào.

马丁　哎，你想不想也买一辆？
　　　Āi, nǐ xiǎng bu xiǎng yě mǎi yí liàng?

　　　我们都骑车上学。
　　　Wǒmen dōu qí chē shàngxué.

汉娜　可以啊。
　　　Kěyǐ a.

马丁　那我们今天就在网上找一找，
　　　Nà wǒmen jīntiān jiù zài wǎngshang zhǎo yi zhǎo,

　　　看看有没有合适的。
　　　kànkan yǒu méiyǒu héshì de.

汉娜　好的。
　　　Hǎode.

■ 위의 대화 내용을 바탕으로 다음 질문에 답하세요.

(1) 汉娜现在怎么去学校？

(2) 马丁为什么想买自行车？

(3) 二手车的好处是什么？

(4) 哪里能买到二手车？

필수 표현

1. 싫음 표현하기

(1) 我就不喜欢刮风。
Wǒ jiù bù xǐhuan guāfēng.

(2) 我最讨厌穿那么多衣服了，干什么都不方便。
Wǒ zuì tǎoyàn chuān nàme duō yīfu le, gàn shénme dōu bù fāngbiàn.

2. 평가하기

(1) 这几天天气真不好。
Zhè jǐ tiān tiānqì zhēn bù hǎo.

(2) 这件衣服一点儿也不肥，你穿很合适。
Zhè jiàn yīfu yìdiǎnr yě bù féi, nǐ chuān hěn héshì.

(3) 你穿合适极了，特别好看。
Nǐ chuān héshì jí le, tèbié hǎokàn.

3. 동의하기

(1) A 这几天天气真不好。
　　　Zhè jǐ tiān tiānqì zhēn bù hǎo.

　　B 是啊，昨天晚上一直在下雨，现在还刮风。
　　　Shì a, zuótiān wǎnshang yìzhí zài xià yǔ, xiànzài hái guāfēng.

　　　外边好像挺冷的。
　　　Wàibian hǎoxiàng tǐng lěng de.

(2) A 我原来也常常打车，可是我觉得打车太贵了，
　　　Wǒ yuánlái yě chángcháng dǎchē, kěshì wǒ juéde dǎchē tài guì le,

　　　现在我一般都坐地铁。
　　　xiànzài wǒ yìbān dōu zuò dìtiě.

　　B 没错，我也觉得每天打车有点儿贵。
　　　Méi cuò, wǒ yě juéde měitiān dǎchē yǒudiǎnr guì.

(3) A 哎，你想不想也买一辆？我们都骑车上学。
　　　Āi, nǐ xiǎng bu xiǎng yě mǎi yí liàng? Wǒmen dōu qí chē shàngxué.

　　B 可以啊。
　　　Kěyǐ a.

(4) A 那我们今天就在网上找一找，看看有没有合适的。
　　　Nà wǒmen jīntiān jiù zài wǎngshang zhǎo yi zhǎo, kànkan yǒu méiyǒu héshì de.

　　B 好的。
　　　Hǎode.

4. 바로잡기

(1) A 你这件外衣真不错，是新买的吧？
　　　Nǐ zhè jiàn wàiyī zhēn búcuò, shì xīn mǎi de ba?

　　B 不是，是以前买的。
　　　Bú shì, shì yǐqián mǎi de.

(2) A 我长胖了。
　　　Wǒ zhǎngpàng le.

　　B 没有。
　　　Méiyǒu.

(3) A 我觉得这个颜色有点儿深，
　　　Wǒ juéde zhège yánsè yǒudiǎnr shēn,

　　　浅一点儿就更好看了。你说呢？
　　　qiǎn yìdiǎnr jiù gèng hǎokàn le. Nǐ shuō ne?

　　B 一点儿也不深，我觉得这个颜色挺适合你的。
　　　Yìdiǎnr yě bù shēn, wǒ juéde zhège yánsè tǐng shìhé nǐ de.

말하기 연습

1. 발음에 유의하며 잘 듣고 따라 읽어 보세요. Track 06-05

> 青出于蓝而胜于蓝。
> Qīng chūyú lán ér shèngyú lán.
> 푸른색은 남색에서 나왔지만 남색보다 푸르다. 제자나 후배가 스승이나 선배보다 낫다.

(1) 矮 ǎi (키가) 작다, (높이가) 낮다

  他太矮了。｜ 这个椅子有点儿矮，有高点儿的吗?

(2) 安静 ānjìng 조용하다, 고요하다

  教室里安静极了。｜ 请安静!

(3) 书包 shūbāo 책가방

  一个新书包 ｜ 这是谁的书包?

(4) 红 hóng 빨갛다, 붉다

  红色 ｜ 红苹果

(5) T恤衫 T xùshān 티셔츠

  一件T恤衫 ｜ 我的T恤衫

2. 큰 소리로 말해 보세요.

(1) 一直 yìzhí 계속, 줄곧

  一直在看书 ｜ 我们一直都是好朋友。

(2) 奇怪 qíguài 이상하다, 희한하다

  真奇怪 ｜ 这个人很奇怪。｜ 奇怪的事

(3) 一会儿……一会儿…… yíhuìr……yíhuìr……
　　~하다가 ~하다[두 가지 일이나 상황이 동시에 발생함을 나타냄]

　　风一会儿大，一会儿小。｜ 我们一会儿唱歌，一会儿跳舞。｜
　　他一会儿想上商店，一会儿想上公园。

(4) 讨厌 tǎoyàn 싫어하다, 미워하다

　　真讨厌 ｜ 讨厌的天气 ｜ 我讨厌这样的天气。

(5) 原来 yuánlái 원래, 본래

　　我原来很矮，现在长高了。｜ 他原来住学校，现在住外边了。

(6) 打车 dǎchē 택시를 타다, 택시를 잡다

　　打车去学校 ｜ 五个人得打两辆车。

(7) 上学 shàngxué 등교하다, 학교에 다니다, 입학하다

　　六岁上学 ｜ 天天去上学 ｜ 我在这儿上了四年学。

(8) 比较 bǐjiào 비교적, 상대적으로

　　图书馆比较安静。｜ 我比较喜欢春天。｜ 大家学习都比较努力。

3. 문장 속 밑줄 친 부분을 아래에 제시된 표현으로 바꿔 말해 보세요.

(1) A 这几天天气不好，一直刮风。
　　B 我就不喜欢刮风，哪儿也不能去。

　　★ 下雨 / 下雨　　★ 下雪 / 下雪

(2) A 你得多穿点儿衣服。
　　B 我最讨厌穿那么多衣服了，干什么都不方便。

　　★ 穿厚一点儿 / 穿那么厚 / 一点儿也不舒服
　　★ 多吃肉 / 吃肉 / 吃肉会长胖　　★ 多运动 / 冬天运动 / 那么冷

(3) A 你的外衣真不错，是新买的吧？
    B 不是，是以前买的，一直没穿，我觉得颜色有点儿浅。
    A 一点儿也不浅，挺好的。

> ★ 书包 / 用 / 有点儿大 / 大　　★ 自行车 / 骑 / 太红了 / 红
> ★ T恤衫 / 穿 / 有点儿短 / 短

(4) A 我觉得这个颜色有点儿深，浅一点儿就好了。
    B 这样挺好的。

> ★ 节目 / 短 / 长　　★ 时间 / 早 / 晚
> ★ 地方 / 吵 / 安静　　★ 书包 / 小 / 大

(5) A 我的衣服原来有点儿肥。
    B 现在挺合适的。

> ★ 发音 / 不太好 / 很不错　　★ 电脑 / 特别不好用 / 好用了
> ★ T恤衫 / 有点儿长 / 你长高了

(6) A 打车太贵了，我一般都坐地铁。
    B 没错，我也觉得打车有点儿贵。

> ★ 骑车太累了 / 坐车 / 骑车有点儿累
> ★ 跑步太没意思了 / 打乒乓球 / 跑步有点儿没意思
> ★ 火车太慢了 / 坐飞机 / 火车有点儿慢

(7) A 我发现买二手车挺好的。
    B 当然好了，好多同学都买二手车。

> ★ 看广告学汉语 / 同学 / 这么做　　★ 红T恤衫 / 人 / 喜欢红的
> ★ 打太极拳 / 留学生 / 学太极拳呢

4. 괄호 안에 주어진 표현을 활용하여 문장을 완성해 보세요.

(1) A 这几天天气真不好。

　　B 是啊。昨天＿＿＿＿＿＿＿＿＿＿＿＿＿＿＿＿，现在还刮风。（一直）

　　A 外边＿＿＿＿＿＿＿＿＿＿＿＿＿＿＿＿。（好像）

　　B 是，多穿点儿衣服吧。

(2) A 你喜欢这儿的天气吗？

　　B 我觉得这儿的天气＿＿＿＿＿＿＿＿＿＿＿＿＿＿。（奇怪）

　　A 是吗？

　　B 是啊，＿＿＿＿＿＿＿＿＿＿＿＿＿＿＿＿。（一会儿……一会儿……）

　　A 好像是，昨天还很热，今天又这么冷。

(3) A 今天特别冷，＿＿＿＿＿＿＿＿＿＿＿＿＿＿＿＿。（穿 / 厚）

　　B 我就不喜欢穿太厚。

　　A 我也＿＿＿＿＿＿＿＿＿＿＿＿＿＿＿＿，干什么都不方便。（讨厌）

　　B 没错。

(4) A 哎，你这件外衣真不错，是新买的吧？

　　B 不是，是以前买的。＿＿＿＿＿＿＿＿＿＿＿＿＿＿＿＿，一直没穿。（原来）

　　A 一点儿也不肥，＿＿＿＿＿＿＿＿＿＿＿＿＿＿，正合适。（不……不……）

　　B 是吗？那就穿这件。

(5) A 你觉得这个颜色怎么样？

　　B 挺好看的。

　　A 我觉得＿＿＿＿＿＿＿＿＿＿，＿＿＿＿＿＿＿＿＿＿就更好看了。（深 / 浅）

B 一点儿也不深，_____。(适合)

A 好吧，就买这件了。

(6) A 你每天怎么去学校？

B _____。(一般)

A 我原来也坐出租，可是_____，

现在_____。(打车)

B 没错，真的挺贵的，_____。(以后)

(7) A 我以后想骑车上学，我要买_____。(辆)

B 不用买新的，_____。(二手)

A 二手的就是_____？(旧)

B 没错，就是旧的，很便宜。

(8) A 商店里有二手的自行车吗？

B 一般没有，你可以去_____或者_____。(市场/网上)

A 网上也能买？

B 没错，还很便宜，_____。(百)

실전 말하기 연습

1. 다음 그림을 보고 제이슨과 토모미의 옷차림을 설명해 보세요.

(1)    (2)

07 越快越好。
Yuè kuài yuè hǎo.
빠르면 빠를수록 좋아요.

말하기 훈련

1

새 단어 Track 07-01

发 fā 동 보내다, 부치다 · 取 qǔ 동 가지다, 취하다, 찾다 · 地址 dìzhǐ 명 주소, 소재지 · 方式 fāngshì 명 방식, 방법, 양식 · 大概 dàgài 부 대략, 대충, 아마도 · 以内 yǐnèi 명 ~이내 · 越……越…… yuè……yuè…… ~할수록 ~하다 · 本 běn 대 (상대방에 대하여) 자기 쪽의 · 市 shì 명 시, 도시 · 外地 wàidì 명 외지, 타지 · 经贸大学 Jīngmào Dàxué 고유 경제무역 대학교

▶ 한나가 택배 회사에 전화를 걸고 있습니다. Track 07-02

快递　你好！天天快递公司。
　　　Nǐ hǎo! Tiāntiān kuàidì gōngsī.

汉娜　你好！我有几本书想发快递，
　　　Nǐ hǎo! Wǒ yǒu jǐ běn shū xiǎng fā kuàidì,
　　　能派人来取一下吗？
　　　néng pài rén lái qǔ yíxià ma?

快递　好，请说一下您的地址。
　　　Hǎo, qǐng shuō yíxià nín de dìzhǐ.

汉娜　我这里是花园小区，15号楼，806号。
　　　Wǒ zhèlǐ shì Huāyuán xiǎoqū, shíwǔ hào lóu, bā líng liù hào.

快递　您的联系方式？
　　　Nín de liánxì fāngshì?

汉娜　我的手机是18607235497。
　　　Wǒ de shǒujī shì yāo bā liù líng qī èr sān wǔ sì jiǔ qī.

快递	好，我们马上派人过去。 Hǎo, wǒmen mǎshàng pài rén guòqu.
汉娜	大概多长时间能过来？ Dàgài duō cháng shíjiān néng guòlai?
快递	一个小时以内，家里有人吧？ Yí ge xiǎoshí yǐnèi, jiā lǐ yǒu rén ba?
汉娜	我等你，越快越好啊。 Wǒ děng nǐ, yuè kuài yuè hǎo a. 对了，多少钱？ Duì le, duōshao qián?
快递	您送到哪里？本市还是外地？ Nín sòngdào nǎli? Běn shì háishi wàidì?
汉娜	本市，就送到经贸大学。 Běn shì, jiù sòngdào Jīngmào Dàxué.
快递	本市10块。 Běn shì shí kuài.
汉娜	多长时间送到？ Duō cháng shíjiān sòngdào?
快递	快的话今天，最晚明天上午。 Kuài dehuà jīntiān, zuì wǎn míngtiān shàngwǔ.

■ 위의 대화 내용을 바탕으로 다음 질문에 답하세요.

(1) 汉娜找的是哪家快递公司？

(2) 汉娜的书要送到哪里？

(3) 快递公司多长时间来取书？

(4) 书什么时候能送到？

❷

새 단어 Track 07-03

收 shōu 동 받다, 접수하다 · 寄 jì 동 (우편으로) 부치다, 보내다 · 路上 lùshang 도중에, 길에서 · 瓶子 píngzi 명 병 · 摔 shuāi 동 떨어져 깨지다, 부서지다 · 小心 xiǎoxīn 형 조심하다, 주의하다 · 肯定 kěndìng 부 틀림없이, 확실히, 반드시, 분명히 · 包装 bāozhuāng 명 포장 · 碎 suì 동 깨지다, 부서지다 · 价格 jiàgé 명 가격 · 距离 jùlí 명 거리, 간격

▶ 제이슨은 택배를 받은 후에 한나에게 전화를 합니다. Track 07-04

杰森 汉娜，你快递给我的书收到了。
Hànnà, nǐ kuàidì gěi wǒ de shū shōudào le.

汉娜 已经收到了? 这么快?
Yǐjīng shōudào le? Zhème kuài?

杰森 对，谢谢你。
Duì, xièxie nǐ.

汉娜 快递真不错，又方便又快，
Kuàidì zhēn búcuò, yòu fāngbiàn yòu kuài,

还不贵。
hái bú guì.

杰森 是啊，我寄东西也常常用快递，
Shì a, wǒ jì dōngxi yě chángcháng yòng kuàidì,

打个电话就行了。
dǎ ge diànhuà jiù xíng le.

汉娜 对了，我有两瓶酒想给上海的朋友，
Duì le, wǒ yǒu liǎng píng jiǔ xiǎng gěi Shànghǎi de péngyou,

也能快递吗?
yě néng kuàidì ma?

杰森 当然可以。
Dāngrán kěyǐ.

汉娜 会不会路上瓶子摔坏了呢?
Huì bu huì lùshang píngzi shuāihuài le ne?

杰森	不会，快递公司会很小心， Bú huì, kuàidì gōngsī huì hěn xiǎoxīn, 肯定也有特别的包装。 kěndìng yě yǒu tèbié de bāozhuāng.
汉娜	那太好了。 Nà tài hǎo le.
杰森	不过，这种容易碎的东西， Búguò, zhè zhǒng róngyì suì de dōngxi, 价格好像贵一点儿。 jiàgé hǎoxiàng guì yìdiǎnr.
汉娜	没关系。 Méiguānxi. 那，快递到上海大概要几天？ Nà, kuàidì dào Shànghǎi dàgài yào jǐ tiān?
杰森	一两天吧。肯定是距离越远时间越长。 Yì liǎng tiān ba. Kěndìng shì jùlí yuè yuǎn shíjiān yuè cháng. 你可以打电话问问。 Nǐ kěyǐ dǎ diànhuà wènwen.
汉娜	好的，谢谢你。 Hǎode, xièxie nǐ.

■ 위의 대화 내용을 바탕으로 다음 질문에 답하세요.

(1) 汉娜觉得快递有什么好处？

(2) 酒也能快递吗？

(3) 路上酒瓶会不会摔坏？

(4) 快递酒和书，价格一样吗？

필수 표현

1. 전화 받는 곳 밝히기

(1) 你好！天天快递公司。
Nǐ hǎo! Tiāntiān kuàidì gōngsī.

(2) 您好！这里是友谊宾馆。
Nín hǎo! Zhèlǐ shì Yǒuyì bīnguǎn.

(3) 您好！114查号台为您服务。
Nín hǎo! Yāo yāo sì cháhàotái wèi nín fúwù.

2. 연락처와 소요 시간 묻기

(1) 您的联系方式？
Nín de liánxì fāngshì?

(2) 大概多长时间能过来？
Dàgài duō cháng shíjiān néng guòlai?

(3) 多长时间送到？
Duō cháng shíjiān sòngdào?

(4) 快递到上海大概要几天？
Kuàidì dào Shànghǎi dàgài yào jǐ tiān?

3. 접수하고 요청하기

(1) 我有几本书想发快递，能派人来取一下吗？
Wǒ yǒu jǐ běn shū xiǎng fā kuàidì, néng pài rén lái qǔ yíxià ma?

(2) 请说一下您的地址。
Qǐng shuō yíxià nín de dìzhǐ.

(3) A 我们马上派人过去。
Wǒmen mǎshàng pài rén guòqu.

B 您可以快一点儿吗？
Nín kěyǐ kuài yìdiǎnr ma?

(4) A 我们马上派人过去。
　　　 Wǒmen mǎshàng pài rén guòqu.

　　 B 您快一点儿行吗?
　　　 Nín kuài yìdiǎnr xíng ma?

말하기 연습

1. 발음에 유의하며 잘 듣고 따라 읽어 보세요. `Track 07-05`

> 一寸光阴一寸金。
> Yí cùn guāngyīn yí cùn jīn.
> 시간은 금이다.

(1) 条 tiáo 줄기, 마리, 개, 벌[가늘고 긴 것을 세는 단위]
　　一条路　｜　一条河

(2) 河 hé 강, 하천
　　这条河很长。　｜　河里的水

(3) 裤子 kùzi 바지
　　一条裤子　｜　裤子太长了。

(4) 样子 yàngzi 모양, 모습, 형태, 디자인
　　衣服的样子　｜　样子很特别。

(5) 订 dìng 예약하다, 주문하다
　　订餐　｜　我想订房间。

2. 큰 소리로 말해 보세요.

(1) 发 fā 보내다, 부치다

发信 | 发邮件 | 发了一个通知

(2) 大概 dàgài 대략, 대충, 아마도

大概六七岁 | 大概十分钟 | 他大概不来了。

(3) ……以内 ……yǐnèi ~이내

一个小时以内 | 三天以内 | 20个人以内

(4) 越……越…… yuè……yuè…… ~할수록 ~하다

越快越好 | 他越走越远。 | 雨越下越大。 | 距离越远，价格越高。

(5) 本 běn (상대방에 대하여) 자기 쪽의

本人 | 本校 | 本国

(6) 小心 xiǎoxīn 조심하다, 주의하다

小心点儿 | 要小心 | 不小心丢了

(7) 肯定 kěndìng 틀림없이, 확실히, 반드시, 분명히

肯定来 | 肯定容易 | 我肯定没记错。

3. 문장 속 밑줄 친 부분을 아래에 제시된 표현으로 바꿔 말해 보세요.

(1) A 你好! 天天快递公司。
    B 我想发快递。

★ 好吃来饭店 / 订餐   ★ 风景旅馆 / 订房间   ★ 培训部 / 参加培训

(2) A 你好! 我想发快递，可以派人来取一下吗?
    B 可以，请说一下您的地址。
    A 我这里是花园小区，15号楼，806号。
    B 您的联系方式?
    A 我的手机是18607235497。

★ 订餐 / 送到家   ★ 修洗衣机 / 派人来修   ★ 搬家 / 派车帮我搬

(3) 他开车越开越快。

★ 说汉语 / 说 / 好   ★ 唱歌 / 唱 / 好听   ★ 买书 / 买 / 多

(4) 天气越热，我睡得越晚。

★ 天气 / 冷 / 他穿得 / 多   ★ 学得 / 多 / 我觉得 / 容易
★ 东西 / 漂亮 / 价格 / 贵   ★ 山 / 高 / 风景 / 优美

(5) A 快递什么时候到？
    B 快的话今天，最晚明天上午。

★ 快餐 / 十分钟以内 / 12点半   ★ 搬家公司 / 半个小时 / 10点
★ 马丁 / 两个小时以后 / 吃晚饭的时候

(6) A 这酒的包装很特别。
    B 是法国的。

★ 裤子 / 样子 / 自己做   ★ 衣服 / 颜色 / 从上海买
★ 词 / 发音 / 刚跟朋友学

4. 괄호 안에 주어진 표현을 활용하여 문장을 완성해 보세요.

(1) A 你好！快递公司。
    B 我有东西想发快递，_____？（取）
    A 好，请_____。（地址）
    B 花园小区，15号楼，806号。

A　您的＿＿＿＿＿＿＿＿＿＿＿＿＿＿＿＿呢？（方式）

　　B　我的手机是18607235497。

(2) A　我想发快递，请派人来取一下。

　　B　好的，＿＿＿＿＿＿＿＿＿＿＿＿＿＿＿。（马上）

　　A　大概要多长时间？

　　B　＿＿＿＿＿＿＿＿＿＿＿＿＿＿＿。（以内）

　　A　好，我在家等。

(3) A　请问，发本市快递，多长时间能送到？

　　B　快的话，＿＿＿＿＿＿＿＿＿＿＿＿＿，最晚明天。（大概）

　　A　好的，希望＿＿＿＿＿＿＿＿＿＿＿＿＿。（越……越……）

(4) A　你经常用快递吗？

　　B　是啊，＿＿＿＿＿＿＿＿＿＿＿＿＿＿＿。（又……又……）

　　A　酒也能快递吗？

　　B　当然可以。

　　A　会不会路上瓶子摔坏了呢？

　　B　一般不会，＿＿＿＿＿＿＿＿＿＿＿＿＿＿＿＿＿＿＿＿＿＿。
　　　　（小心／包装）

(5) A　请问，本市快递要多长时间？

　　B　＿＿＿＿＿＿＿＿＿＿＿＿＿＿＿。（……的话）

　　A　发到上海呢？

　　B　＿＿＿＿＿＿＿＿＿＿＿＿＿＿＿，大概两三天吧。（越……越……）

　　A　好的，知道了。

(6) A 你快递给我的酒_____，谢谢。（收到）

　　B 已经收到了？这么快？

　　A 对，今天早上收到的。

　　B 酒是很容易_____，我还担心呢。（碎）

　　A 没问题，快递公司_____。（特别）

실전 말하기 연습

1. 다음 단어와 문형을 최대한 활용해 택배 회사 직원과 고객의 대화를 만들고, 친구와 역할극을 해 보세요.

取	价格	本市	肯定	小心
地址	大概	外地	发	联系方式
越……越……		要是……的话		

07 越快越好。 81

08 虽然听不懂，但是我喜欢。
Suīrán tīng bu dǒng, dànshì wǒ xǐhuan.
비록 알아듣지는 못해도 나는 좋아해요.

말하기 훈련

1

새 단어 Track 08-01

京剧 jīngjù 명 경극 · **明白** míngbai 동 이해하다, 알다 · **演员** yǎnyuán 명 배우, 연기자 · **表演** biǎoyǎn 동 연기하다, 공연하다, 연출하다 · **特点** tèdiǎn 명 특색, 특징 · **虽然** suīrán 접 비록 ~일지라도, 설령 ~이라도 · **但(是)** dàn(shì) 접 그러나, 그렇지만 · **化妆** huàzhuāng 동 화장하다 · **脸** liǎn 명 얼굴 · **绿** lǜ 형 초록색의, 푸르다 · **白** bái 형 희다, 하얗다 · **黑** hēi 형 검다, 까맣다 · **脸谱** liǎnpǔ 명 얼굴 분장[경극에서 배우들의 얼굴 분장을 뜻함]

▶ 마틴과 한나가 경극에 대해 이야기하고 있습니다. Track 08-02

马丁 汉娜，昨天给你打电话，你不在。
　　 Hànnà, zuótiān gěi nǐ dǎ diànhuà, nǐ bú zài.

汉娜 哦，昨天我和朋友看京剧去了。
　　 Ò, zuótiān wǒ hé péngyou kàn jīngjù qù le.

马丁 京剧？你听得懂吗？
　　 Jīngjù? Nǐ tīng de dǒng ma?

汉娜 一点儿都听不懂，他们说的话跟我们学的汉语不一样。
　　 Yìdiǎnr dōu tīng bu dǒng, tāmen shuō de huà gēn wǒmen xué de Hànyǔ bù yíyàng.

马丁 我朋友也这么说。不过，没关系，
　　 Wǒ péngyou yě zhème shuō. Búguò, méiguānxi,
　　 听说有的中国人也听不懂。
　　 tīngshuō yǒude Zhōngguórén yě tīng bu dǒng.

汉娜 对，中国朋友告诉我，
　　 Duì, Zhōngguó péngyou gàosu wǒ,

	他们也要看旁边的字幕才明白。 tāmen yě yào kàn pángbiān de zìmù cái míngbai.
马丁	一边看字幕一边听，这样不错。 Yìbiān kàn zìmù yìbiān tīng, zhèyàng búcuò.
汉娜	我也不看字幕，我一直在看那些演员表演。 Wǒ yě bú kàn zìmù, wǒ yìzhí zài kàn nàxiē yǎnyuán biǎoyǎn.
马丁	他们的表演怎么样？ Tāmen de biǎoyǎn zěnmeyàng?
汉娜	很有特点。 Hěn yǒu tèdiǎn. 虽然我听不懂，但是我喜欢京剧。 Suīrán wǒ tīng bu dǒng, dànshì wǒ xǐhuan jīngjù.
马丁	听不懂还喜欢，为什么？ Tīng bu dǒng hái xǐhuan, wèishénme?
汉娜	我喜欢他们的衣服，也喜欢他们的化妆。 Wǒ xǐhuan tāmen de yīfu, yě xǐhuan tāmen de huàzhuāng.
马丁	听朋友说，他们的化妆很有特点。 Tīng péngyou shuō, tāmen de huàzhuāng hěn yǒu tèdiǎn.
汉娜	对，很特别，脸上红的、绿的、白的、黑的， Duì, hěn tèbié, liǎn shang hóng de、lǜ de、bái de、hēi de, 什么颜色都有。我朋友告诉我，那叫"脸谱"。 shénme yánsè dōu yǒu. Wǒ péngyou gàosu wǒ, nà jiào "liǎnpǔ". 我对他们的脸谱特别有兴趣。 Wǒ duì tāmen de liǎnpǔ tèbié yǒu xìngqù.

■ 위의 대화 내용을 바탕으로 다음 질문에 답하세요.

(1) 汉娜为什么听不懂京剧？

(2) 汉娜的中国朋友听得懂京剧吗？

(3) 汉娜觉得京剧的表演怎么样？

(4) 汉娜喜欢京剧的什么？

❷

새 단어 Track 08-03

讲座 jiǎngzuò 명 강의, 강좌, 특강 · **站** zhàn 동 서다, 일어서다, (~의 편에) 서다, (~의 입장에) 서다 · **着** zhe 조 ~하고 있다, ~하는 중이다[동작이나 상황의 지속을 나타냄] · **保安** bǎo'ān 명 보안 요원, 경비원 · **安全** ānquán 형 안전하다 · **可惜** kěxī 형 아쉽다, 애석하다, 아깝다 · **教授** jiàoshòu 명 대학교수 · **专门** zhuānmén 부 일부러, 전문적으로, 오로지 · **国外** guówài 명 외국, 국외, 해외 · **讲** jiǎng 동 강의하다, 이야기하다, 말하다, 설명하다 · **精彩** jīngcǎi 형 훌륭하다, 뛰어나다, 멋있다 · **场** chǎng 양 차례, 번, 회[일의 경과·자연현상·문예·오락 등의 횟수를 세는 단위] · **出发** chūfā 동 출발하다, 떠나다

▶ 강의를 들으러 간 토모미는 문 앞에서 마틴과 마주쳤습니다. Track 08-04

马丁　友美，你也来听讲座？
　　　Yǒuměi, Nǐ yě lái tīng jiǎngzuò?

友美　马丁，你也来了。
　　　Mǎdīng, nǐ yě lái le.

　　　我们已经进不去了。
　　　Wǒmen yǐjīng jìn bu qù le.

马丁　为什么？
　　　Wèishénme?

友美　里面人太多了。
　　　Lǐmiàn rén tài duō le.

马丁　我们可以站着听。
　　　Wǒmen kěyǐ zhànzhe tīng.

友美　不行，已经有很多人站着了。
　　　Bùxíng, yǐjīng yǒu hěn duō rén zhànzhe le.

　　　门口的保安说，
　　　Ménkǒu de bǎo'ān shuō,

　　　为了安全，不能再进人了。
　　　wèile ānquán, bù néng zài jìn rén le.

马丁　真可惜，要是早一点儿来就好了。
　　　Zhēn kěxī, yàoshi zǎo yìdiǎnr lái jiù hǎo le.

| 友美 | 是啊，我听说这位教授是专门从国外请来的，
Shì a, wǒ tīngshuō zhè wèi jiàoshòu shì zhuānmén cóng guówài qǐng lái de,

都说他讲得特别精彩。
dōu shuō tā jiǎng de tèbié jīngcǎi.

| 马丁 | 没关系，周六早上他在市图书馆还有一场讲座，
Méiguānxi, zhōuliù zǎoshang tā zài shì túshūguǎn hái yǒu yì chǎng jiǎngzuò,

我们一起去？
wǒmen yìqǐ qù?

| 友美 | 早上几点？你起得来吗？
Zǎoshang jǐ diǎn? Nǐ qǐ de lái ma?

| 马丁 | 没问题，9点的讲座，我7点起床，
Méi wèntí, jiǔ diǎn de jiǎngzuò, wǒ qī diǎn qǐchuáng,

我们7点半就出发。
wǒmen qī diǎn bàn jiù chūfā.

| 友美 | 好，我们早一点儿去，
Hǎo, wǒmen zǎo yìdiǎnr qù,

要是再进不去就没机会听了。
yàoshi zài jìn bu qù jiù méi jīhuì tīng le.

■ 위의 대화 내용을 바탕으로 다음 질문에 답하세요.

(1) 保安为什么不让他们进去？

(2) 这位教授讲得怎么样？

(3) 教授下次讲座是什么时候？在哪里？

(4) 马丁打算几点起床？几点出发？

 **필수 표현**

1. 인용 및 전달하기

(1) 中国朋友告诉我,
Zhōngguó péngyou gàosu wǒ,

他们也要看旁边的字幕才明白。
tāmen yě yào kàn pángbiān de zìmù cái míngbai.

(2) (我)听朋友说, 他们的化妆很有特点。
(Wǒ) Tīng péngyou shuō, tāmen de huàzhuāng hěn yǒu tèdiǎn.

(3) 我朋友告诉我, 那叫"脸谱"。
Wǒ péngyou gàosu wǒ, nà jiào "liǎnpǔ".

(4) 门口的保安说, 为了安全, 不能再进人了。
Ménkǒu de bǎo'ān shuō, wèile ānquán, bù néng zài jìn rén le.

2. 좋고 싫음 표현하기

(1) 我喜欢他们的衣服, 也喜欢他们的化妆。
Wǒ xǐhuan tāmen de yīfu, yě xǐhuan tāmen de huàzhuāng.

(2) 我不太喜欢看电视。
Wǒ bú tài xǐhuan kàn diànshì.

(3) 他爱唱歌, 也喜欢跳舞。
Tā ài chànggē, yě xǐhuan tiàowǔ.

(4) 我就不爱逛商店。
Wǒ jiù bú ài guàng shāngdiàn.

(5) 我对他们的脸谱特别有兴趣。
Wǒ duì tāmen de liǎnpǔ tèbié yǒu xìngqù.

3. 아쉬움과 후회의 감정 표현하기

(1) 真可惜。
Zhēn kěxī.

(2) 要是早一点儿来就好了。
Yàoshi zǎo yìdiǎnr lái jiù hǎo le.

말하기 연습

1. 발음에 유의하며 잘 듣고 따라 읽어 보세요. Track 08-05

> 百闻不如一见。
> Bǎi wén bùrú yí jiàn.
> 백 번 듣는 것이 한 번 보는 것만 못하다.

(1) 注意 zhùyì 주의하다, 조심하다
   注意安全 | 请大家注意。

(2) 声(音) shēng(yīn) 소리, 음성
   小点儿声 | 听不到声音

(3) 座位 zuòwèi 좌석, 자리
   一个空座位 | 没有座位了。

2. 큰 소리로 말해 보세요.

(1) 明白 míngbai 이해하다, 알다
   不明白 | 听明白了 | 说得很明白

(2) 虽然……但(是)…… suīrán……dàn(shì)…… 비록 ~하지만 ~하다
   虽然有点儿难，但是有意思。 | 虽然他学汉语时间不长，但说得不错。 | 颜色虽然不太好，但是价格便宜。

(3) 동+着 동+zhe ~하고 있다, ~하는 중이다[동작이나 상황의 지속을 나타냄]

站着 | 拿着 | 笑着说 | 听着音乐看书

(4) 安全 ānquán 안전하다

安全很重要。 | 这里很安全。 | 注意安全！

(5) 可惜 kěxī 아쉽다, 애석하다, 아깝다

太可惜了 | 可惜我没明白。 | 我一点儿都不觉得可惜。

(6) 专门 zhuānmén 일부러, 전문적으로, 오로지

专门送给他 | 专门到这里来学习

(7) 동+得/不+…… 동+de/bu+…… ~할 수 있다/없다

起得来 | 起不来 | 进得去 | 进不去 | 听得懂 | 听不懂

3. 문장 속 밑줄 친 부분을 아래에 제시된 표현으로 바꿔 말해 보세요.

(1) A 你听得懂京剧吗？

　　B 听不懂。

> ★ 看得懂 / 中文书 / 看得懂　　★ 听得明白 / 他说的话 / 听不明白
> ★ 看得见 / 前边的字 / 看得见

(2) A 中国朋友告诉我，那个地方特好玩儿。

　　B 那咱们也去。

> ★ 那个小区很安静 / 我 / 想住那儿
> ★ 这个搬家公司不错 / 我们 / 找他们
> ★ 那家饭馆的菜很好吃 / 咱们 / 去那儿

(3) A 他们的表演怎么样？

　　B 虽然我听不懂，但(是)我喜欢。

- ★ 明天天气 / 是阴天 / 不冷   ★ 这件衣服 / 样子不错 / 颜色太浅
- ★ 我的发音 / 进步很大 / 还要努力

(4) A 听朋友说，他们的化妆很有特点。
    B 对，很特别。

- ★ 表演 / 精彩极了   ★ 脸谱 / 跟别人都不一样   ★ 讲座 / 很吸引人

(5) A 咱们进不去了。
    B 为什么?
    B 听保安说，里面已经满了。
    A 太可惜了。

- ★ 已经没有座位了   ★ 今天人太多了   ★ 票已经卖完了

(6) A 今天进不去了。
    B 真可惜，要是早一点儿来就好了。

- ★ 苹果没有了 / 昨天多买几个   ★ 展览昨天就完了 / 早几天来
- ★ 他们已经出发了 / 我早点儿到

4. 괄호 안에 주어진 표현을 활용하여 문장을 완성해 보세요.

(1) A 昨天给你打电话，你不在。
    B 哦，_____。(京剧)
    A 怎么样? 听得懂吗?
    B _____

    _____。(懂)

(2) A 你_____？（听）

　　B 京剧？一点儿都_____，他们说的话很特别。（听）

　　A 我的中国朋友也这么说。

　　B 对，他们也要看_____。（字幕 / 明白）

(3) A 你昨天看京剧，他们的_____？（表演）

　　B 他们的表演很有特点。

　　A 你喜欢吗？

　　B _____。（虽然……但是……）

(4) A 你听不懂京剧，为什么还那么喜欢啊？

　　B 我喜欢_____，也喜欢_____。（衣服 / 化妆）

　　A 听朋友说，他们的脸上红的、绿的、白的、黑的，什么颜色都有。

　　B 对，他们的化妆_____，这就是_____。（特点 / 脸谱）

(5) A 你来听讲座，为什么不进去啊？

　　B _____，里面人太多了。（进）

　　A 没有座位了吗？

　　B 对，已经有很多人_____。（站着）

　　A _____，要是_____就好了。（可惜 / 早）

(6) A 今天的讲座你听了吗？怎么样？

　　B 我听了下午那一场，他_____。（讲 / 精彩）

　　A 他是我们学校的老师吗？

　　B 不是，听说_____。（专门）

(7) A 明天几点起床？7点，行吗？

B 7点？_____？（起得来）

A 我起得来，你呢？

B _____，7点半吧。（起不来）

A 好，7点半一定要起床，我们_____。（出发）

실전 말하기 연습

1. 당신이 보거나 들은 공연, 강의에 대해 다음 단어와 문형을 최대한 활용해 말해 보세요.

演员	表演	特点	化妆	脸谱
专门	站着	讲	精彩	教授
虽然……但是……		一边……一边……		
听得懂 / 听不懂		听说 / 听……说		

08 虽然听不懂，但是我喜欢。 91

09 我怎么也睡不着。
Wǒ zěnme yě shuì bu zháo.
나는 도무지 잠을 잘 수가 없어요.

말하기 훈련

1

새 단어 Track 09-01

脸色 liǎnsè 명 안색, 얼굴빛, 표정 · 夜里 yèlǐ 명 밤, 밤중 · 楼上 lóushang 명 위층, 2층 · 邻居 línjū 명 이웃, 이웃집, 이웃 사람 · 唱 chàng 동 노래하다 · 跳 tiào 동 춤추다, 뛰다 · 怎么 zěnme 대 어떻게, 어째서, 왜 · 着 zháo 조 [동사 뒤에 위치하여 동작의 달성을 나타냄] · 一 yī 수 온, 전, 모든 · 天哪 tiān na 맙소사, 하느님, 어머나 · 睡懒觉 shuì lǎnjiào 늦잠을 자다

▶ 금요일에 대중은 길에서 한나를 우연히 만났습니다. Track 09-02

大中　汉娜，你的脸色好像不太好。
　　　Hànnà, nǐ de liǎnsè hǎoxiàng bú tài hǎo.

汉娜　哦，可能是因为昨天夜里没睡好。
　　　Ò, kěnéng shì yīnwèi zuótiān yèlǐ méi shuìhǎo.

大中　身体不舒服吗?
　　　Shēntǐ bù shūfu ma?

汉娜　不是。都是因为我楼上的邻居。
　　　Bú shì. Dōu shì yīnwèi wǒ lóushang de línjū.

大中　你的邻居怎么了?
　　　Nǐ de línjū zěnme le?

汉娜　他家昨天开晚会，
　　　Tā jiā zuótiān kāi wǎnhuì,

　　　又唱又跳，声音特别大，
　　　yòu chàng yòu tiào, shēngyīn tèbié dà,

我怎么也睡不着,
wǒ zěnme yě shuì bu zháo,

所以看了一晚上电视。
suǒyǐ kànle yì wǎnshang diànshì.

大中　他们的晚会是几点结束的?
　　　Tāmen de wǎnhuì shì jǐ diǎn jiéshù de?

汉娜　好像3点多,
　　　Hǎoxiàng sān diǎn duō,

我快4点了才睡。
wǒ kuài sì diǎn le cái shuì.

大中　天哪,那么晚!
　　　Tiān na, nàme wǎn!

今天回去好好儿休息。
Jīntiān huíqù hǎohāor xiūxi.

明天星期六,没有课,
Míngtiān xīngqīliù, méiyǒu kè,

你可以好好儿睡,不用起床。
nǐ kěyǐ hǎohāor shuì, búyòng qǐchuáng.

汉娜　对,可以睡个懒觉。
　　　Duì, kěyǐ shuì ge lǎnjiào.

■ 위의 대화 내용을 바탕으로 다음 질문에 답하세요.

(1) 汉娜怎么了?

(2) 汉娜昨天几点睡的?

(3) 昨天汉娜的邻居干什么了?

(4) 什么叫"睡懒觉"?

❷

새 단어 Track 09-03

提 tí 통 말을 꺼내다, 언급하다 · 弹 tán 통 (악기를) 치다, 연주하다 · 钢琴 gāngqín 명 피아노 · 同意 tóngyì 통 동의하다, 찬성하다 · 孩子 háizi 명 아이, 자녀 · 楼下 lóuxia 명 아래층, 1층 · 困 kùn 형 피곤하다, 지치다, 졸리다 · 只好 zhǐhǎo 부 할 수 없이, 어쩔 수 없이 · 了 liǎo 통 [동사나 형용사 뒤에 위치하여 가능이나 불가능을 나타냄] · 礼貌 lǐmào 형 예의 바르다 · 杯 bēi 양 잔, 컵

▶ 월요일에 대중은 한나를 또 우연히 만났습니다. Track 09-04

大中 汉娜，昨天休息得怎么样？
Hànnà, zuótiān xiūxi de zěnmeyàng?

汉娜 别提了，我原来打算早上睡个懒觉，
Bié tí le, wǒ yuánlái dǎsuan zǎoshang shuì ge lǎnjiào,

可是刚7点，
kěshì gāng qī diǎn,

旁边的邻居就开始弹钢琴。
pángbiān de línjū jiù kāishǐ tán gāngqín.

大中 啊？这么早弹钢琴？
Á? Zhème zǎo tán gāngqín?

汉娜 是啊，所以我去找他们，
Shì a, suǒyǐ wǒ qù zhǎo tāmen,

请他们晚一点儿再弹。
qǐng tāmen wǎn yìdiǎnr zài tán.

大中 他们同意了？
Tāmen tóngyì le?

汉娜 邻居说，他的孩子星期天有钢琴考试，得好好儿准备，
Línjū shuō, tā de háizi xīngqītiān yǒu gāngqín kǎoshì, děi hǎohāor zhǔnbèi,

对不起了。
duìbuqǐ le.

大中 真没办法。那你就晚上再睡吧。
Zhēn méi bànfǎ. Nà nǐ jiù wǎnshang zài shuì ba.

| 汉娜 | 我也这么想。
Wǒ yě zhème xiǎng.

没想到，晚上，楼下的邻居又开晚会。
Méi xiǎngdào, wǎnshang, lóuxia de línjū yòu kāi wǎnhuì.

虽然我特别困，但是还是睡不着，
Suīrán wǒ tèbié kùn, dànshì háishi shuì bu zháo,

只好又看了一晚上的电视。
zhǐhǎo yòu kànle yì wǎnshang de diànshì.

| 大中 | 啊？那你今天还上得了课吗？
Á? Nà nǐ jīntiān hái shàng de liǎo kè ma?

肯定一会儿就睡着了。
Kěndìng yíhuìr jiù shuìzháo le.

| 汉娜 | 没错。可是，上课睡觉，多不礼貌啊。
Méi cuò. Kěshì, shàngkè shuìjiào, duō bù lǐmào a.

| 大中 | 那你怎么办？
Nà nǐ zěnme bàn?

| 汉娜 | 我刚才喝了两杯咖啡，
Wǒ gāngcái hēle liǎng bēi kāfēi,

应该没问题。
yīnggāi méi wèntí.

■ 위의 대화 내용을 바탕으로 다음 질문에 답하세요.

(1) 汉娜为什么没能睡懒觉？

(2) 邻居的孩子为什么那么早就弹钢琴？

(3) 晚上汉娜楼下的邻居干什么了？

(4) 汉娜觉得上课能睡觉吗？为什么？

필수 표현

1. 놀람 표현하기

(1) 天哪，那么晚!
Tiān na, nàme wǎn!

(2) 啊? 这么早弹钢琴?
Á? Zhème zǎo tán gāngqín?

2. 관심 표현하기

(1) 你的脸色好像不太好。
Nǐ de liǎnsè hǎoxiàng bú tài hǎo.

(2) 身体不舒服吗?
Shēntǐ bù shūfu ma?

(3) 昨天休息得怎么样?
Zuótiān xiūxi de zěnmeyàng?

(4) 那你怎么办?
Nà nǐ zěnme bàn?

(5) 你怎么样了?
Nǐ zěnmeyàng le?

(6) 最近忙吗?
Zuìjìn máng ma?

3. 부득이함 표현하기

(1) 真没办法。那你就晚上再睡吧。
Zhēn méi bànfǎ. Nà nǐ jiù wǎnshang zài shuì ba.

(2) 虽然我特别困，但是还是睡不着，
Suīrán wǒ tèbié kùn, dànshì háishi shuì bu zháo,

只好又看了一晚上的电视。
zhǐhǎo yòu kànle yì wǎnshang de diànshì.

(3) 没办法，只好这样了。
　　Méi bànfǎ, zhǐhǎo zhèyàng le.

4. 동의하기

(1) A 啊？这么早弹钢琴？
　　　Á? Zhème zǎo tán gāngqín?

　　B 是啊，所以我去找他们，请他们晚一点儿再弹。
　　　Shì a, suǒyǐ wǒ qù zhǎo tāmen, qǐng tāmen wǎn yìdiǎnr zài tán.

(2) A 那你就晚上再睡吧。
　　　Nà nǐ jiù wǎnshang zài shuì ba.

　　B 我也这么想。
　　　Wǒ yě zhème xiǎng.

(3) A 那你今天还上得了课吗？肯定一会儿就睡着了。
　　　Nà nǐ jīntiān hái shàng de liǎo kè ma? Kěndìng yíhuìr jiù shuìzháo le.

　　B 没错。
　　　Méi cuò.

말하기 연습

1. 발음에 유의하며 잘 듣고 따라 읽어 보세요. Track 09-05

> 天时不如地利，地利不如人和。
> Tiānshí bùrú dìlì, dìlì bùrú rénhé.
> 하늘이 주는 좋은 시기는 지리적 이점만 못하고, 지리적 이점은 사람의 화합만 못하다.

(1) 卧室 wòshì 침실

　　我的卧室 ｜ 卧室很大

(2) 小说 xiǎoshuō 소설

一本小说 | 他最爱看小说。

(3) 不像话 búxiànghuà 말도 안 되다

真不像话 | 这么做很不像话。

(4) 清楚 qīngchu 분명하다, 뚜렷하다, 명백하다

写得很清楚 | 看得清楚吗?

2. 큰 소리로 말해 보세요.

(1) 楼上/楼下 lóushang/lóuxia 위층/아래층

卧室在楼上，客厅在楼下。 | 我住三层301，他住在我楼上，四层401。

(2) 怎么也/怎么都 zěnme yě/zěnme dōu 어떻게[아무리] ~해도

怎么也听不懂 | 我的电脑怎么修都修不好。

(3) 동+得/不+着 동+de/bu+zháo ~해내다/~하지 못하다[목적 달성을 나타냄]

睡得着 | 睡不着 | 你拿得着上边的书吗?

(4) 一…… yī…… 온, 전, 모든

一屋子人 | 一夜没睡 | 我们一年没见面了。

(5) 提 tí 말을 꺼내다, 언급하다

别提了。 | 别提这件事了。 | 他的书里提到过这个地方。

(6) 只好 zhǐhǎo 할 수 없이, 어쩔 수 없이

只好明天去。 | 只好慢点儿 | 没办法，只好听他的。

(7) 동+得/不+了 동+de/bu+liǎo ~할 수 있다/~할 수 없다[가능이나 불가능을 나타냄]

去得了 | 去不了 | 翻译得了 | 翻译不了

3. 문장 속 밑줄 친 부분을 아래에 제시된 표현으로 바꿔 말해 보세요.

(1) A　他<u>快4点才睡</u>。
　　B　天哪，<u>那么晚</u>！

> ★ 6点就来了 / 那么早　　★ 这条裤子1000多块 / 太贵了
> ★ 把我们刚买的书都卖了 / 太不像话了

(2) A　你的脸色好像不太好，<u>不舒服吗</u>?
　　B　没有。昨天没睡觉，<u>看</u>了一晚上<u>电视</u>。

> ★ 病了吧 / 看 / 电影　　★ 是不是病了 / 聊 / 天儿
> ★ 身体不舒服吗 / 看 / 小说

(3) A　周末过得怎么样？
　　B　别提了，原来打算<u>睡个懒觉</u>，可是刚<u>7点</u>，<u>邻居就开始弹钢琴</u>。
　　A　啊？太不像话了！

> ★ 早点儿睡 / 都12点了 / 朋友还给我打电话
> ★ 看看小说、听听音乐 / 一晚上 / 宿舍都停电
> ★ 打电话聊聊天儿 / 一起床 / 同屋就把我的手机拿走了

(4) 昨天晚上我怎么也<u>睡不着</u>。

> ★ 他的话 / 听不明白　　★ 这本小说 / 看不懂
> ★ 这个手机 / 修不好　　★ 那个字幕 / 看不清楚

(5) A　这么早睡觉，你<u>睡得着</u>吗？
　　B　可能<u>睡不着</u>，但是可以试试。

> ★ 这么多酒 / 喝得了 / 喝不了　　★ 这么难的小说 / 翻译得了 / 翻译不了
> ★ 那么远的东西 / 看得清楚 / 看不清楚
> ★ 睡得那么少 / 上得了课 / 上不了

4. 괄호 안에 주어진 표현을 활용하여 문장을 완성해 보세요.

(1) A 你的脸色好像不太好。

B 哦，可能是＿＿＿＿＿＿＿＿＿＿＿＿＿＿＿＿。（夜里）

A 身体不舒服吗？

B 不是，都是因为＿＿＿＿＿＿＿＿＿＿＿＿＿＿＿＿。（楼上）

(2) A 你的邻居怎么了？

B 他家开晚会，声音特别大，我＿＿＿＿＿＿＿＿＿＿＿＿＿＿＿＿。（怎么也）

A 那你怎么办？

B ＿＿＿＿＿＿＿＿＿＿＿＿＿＿＿＿。（一晚上）

(3) A 我昨天快4点才睡。

B ＿＿＿＿＿＿＿＿＿＿＿＿＿＿＿＿！今天回去好好儿休息。（天哪）

A 明天没有课，可以好好儿睡，＿＿＿＿＿＿＿＿＿＿＿＿＿＿＿＿。（不用）

B 对，可以＿＿＿＿＿＿＿＿＿＿＿＿＿＿＿＿。（睡懒觉）

(4) A 你为什么起那么早？

B 因为早上刚7点，＿＿＿＿＿＿＿＿＿＿＿＿＿＿＿＿。（弹钢琴）

A 啊？这么早弹钢琴？太不像话了。

B 是啊，所以我去找他们，＿＿＿＿＿＿＿＿＿＿＿＿＿＿＿＿。（晚一点儿）

A 他们同意了吗？

B 他们说，孩子有钢琴考试，＿＿＿＿＿＿＿＿＿＿＿＿＿＿＿＿。（好好儿）

(5) A 你昨天睡那么晚，今天＿＿＿＿＿＿＿＿＿＿＿＿＿＿＿＿？（上得了）

B 不知道，可能＿＿＿＿＿＿＿＿＿＿＿＿＿＿＿＿。（睡着了）

A 那可不行，上课睡觉，＿＿＿＿＿＿＿＿＿＿＿＿＿＿＿＿。（礼貌）

B 我刚才喝了_____，应该没问题。（杯）

A 好，那我们现在就去吧。

실전 말하기 연습

1. 다음 단어와 문형을 최대한 활용해 현재 당신의 이웃을 소개해 보세요.

住	特别	开心	聊天	吃饭
一起	非常	楼上 / 楼下		
像……一样		过得……		

10 地铁比公共汽车快。
Dìtiě bǐ gōnggòngqìchē kuài.
지하철이 버스보다 빨라요.

말하기 훈련

1

새 단어 Track 10-01

外语 wàiyǔ 명 외국어 · **学院** xuéyuàn 명 대학교 · **博物馆** bówùguǎn 명 박물관 · **然后** ránhòu 접 그런 후에, 그다음에 · **比** bǐ 개 ~보다, ~에 비해 · **麻烦** máfan 형 귀찮다, 번거롭다, 폐를 끼치다 · **大约** dàyuē 부 대략, 아마, 대개 · **没有** méiyǒu 동 ~만큼 ~하지 않다 · **过** guò 동 가다, 건너다, 지나다 · **马路** mǎlù 명 도로, 큰길, 대로 · **外语学院** Wàiyǔ Xuéyuàn 고유 외국어 대학교

▶ 마틴이 리쉐에게 교통편을 묻고 있습니다. Track 10-02

马丁 李雪，我下午要去外语学院看朋友，
Lǐ Xuě, wǒ xiàwǔ yào qù Wàiyǔ Xuéyuàn kàn péngyou,
应该怎么坐车啊？
yīnggāi zěnme zuò chē a?

李雪 外语学院？你先坐25路，到博物馆下车，
Wàiyǔ Xuéyuàn? Nǐ xiān zuò èrshíwǔ lù, dào bówùguǎn xià chē,
然后再坐320路就到了。
ránhòu zài zuò sān èr líng lù jiù dào le.

马丁 还要换车，是吗？
Hái yào huàn chē, shì ma?

李雪 对，外语学院挺远的。
Duì, Wàiyǔ Xuéyuàn tǐng yuǎn de.

马丁 坐地铁到得了吗？
Zuò dìtiě dào de liǎo ma?
我觉得地铁比公共汽车快。
Wǒ juéde dìtiě bǐ gōnggòngqìchē kuài.

| 李雪 | 地铁到不了外语学院，
Dìtiě dào bu liǎo Wàiyǔ Xuéyuàn,
下了地铁你也要换车，或者走路。
xiàle dìtiě nǐ yě yào huàn chē, huòzhě zǒu lù. |

| 马丁 | 换车太麻烦了。走路要走多远？
Huàn chē tài máfan le. Zǒu lù yào zǒu duō yuǎn? |

| 李雪 | 大约走15分钟吧。
Dàyuē zǒu shíwǔ fēnzhōng ba. |

| 马丁 | 那么远啊。
Nàme yuǎn a. |

| 李雪 | 或者打车，不过打车要比坐地铁贵得多。
Huòzhě dǎchē, búguò dǎchē yào bǐ zuò dìtiě guì de duō. |

| 马丁 | 骑车呢？骑车怎么样？
Qí chē ne? Qí chē zěnmeyàng? |

| 李雪 | 其实，坐什么车都没有骑车方便，
Qíshí, zuò shénme chē dōu méiyǒu qí chē fāngbiàn,
可是从我们这儿到外语学院太远了。
kěshì cóng wǒmen zhèr dào Wàiyǔ Xuéyuàn tài yuǎn le. |

| 马丁 | 我还是坐地铁吧。学校门口有地铁吗？
Wǒ háishi zuò dìtiě ba. Xuéxiào ménkǒu yǒu dìtiě ma? |

| 李雪 | 有，从学校东门出去，过马路就是。
Yǒu, cóng xuéxiào dōngmén chūqu, guò mǎlù jiù shì. |

■ 위의 대화 내용을 바탕으로 다음 질문에 답하세요.

(1) 去外语学院怎么坐车？

(2) 坐地铁去外语学院可以吗？

(3) 骑车去外语学院怎么样？

❷

새 단어 Track 10-03

师傅 shīfu 몡 기사님, 선생님[기능·기예를 가진 사람에 대한 존칭] · 购物 gòuwù 동 물건을 사다, 구매하다 · 中心 zhōngxīn 몡 센터 · 堵车 dǔchē 동 차가 막히다 · 约 yuē 동 약속하다 · 河边 hébiān 몡 강가, 강변 · 不仅 bùjǐn 접 ~일 뿐만 아니라 · 而且 érqiě 접 게다가, 또한 · 红绿灯 hónglǜdēng 몡 신호등 · 十字路口 shízì lùkǒu 몡 사거리 · 路口 lùkǒu 몡 길목, 갈림길 · 发票 fāpiào 몡 영수증

▶ 한나는 약속 장소로 가기 위해 택시를 탔습니다. Track 10-04

汉娜　师傅，我们到购物中心要多长时间？
　　　Shīfu, wǒmen dào gòuwù zhōngxīn yào duō cháng shíjiān?

司机　不堵车的话，大约20分钟；
　　　Bù dǔchē dehuà, dàyuē èrshí fēnzhōng;

　　　要是堵车，就不知道了。
　　　yàoshi dǔchē, jiù bù zhīdào le.

汉娜　我跟朋友约好了5点见面，我不想迟到。
　　　Wǒ gēn péngyou yuēhǎo le wǔ diǎn jiànmiàn, wǒ bù xiǎng chídào.

　　　有没有快一点儿的路？
　　　Yǒu méiyǒu kuài yìdiǎnr de lù?

司机　河边有一条路，一般不堵车，
　　　Hébiān yǒu yì tiáo lù, yìbān bù dǔchē,

　　　不过那条路比这条路远。
　　　búguò nà tiáo lù bǐ zhè tiáo lù yuǎn.

汉娜　远一点儿没关系，不堵车就可以。
　　　Yuǎn yìdiǎnr méiguānxi, bù dǔchē jiù kěyǐ.

司机　那我们就不走市中心了，
　　　Nà wǒmen jiù bù zǒu shì zhōngxīn le,

　　　我们走河边那条路吧。
　　　wǒmen zǒu hébiān nà tiáo lù ba.

汉娜　好，听您的。
　　　Hǎo, tīng nín de.

司机	我喜欢走河边那条路， Wǒ xǐhuan zǒu hébiān nà tiáo lù, 不仅车少，而且红绿灯也少， bùjǐn chē shǎo, érqiě hónglǜdēng yě shǎo, 所以走那边比走这边快得多。 suǒyǐ zǒu nàbiān bǐ zǒu zhèbiān kuài de duō.
汉娜	那我们就走那条路吧，越快越好。 Nà wǒmen jiù zǒu nà tiáo lù ba, yuè kuài yuè hǎo.

(20분 후)

司机	前边就是购物中心，给您停哪儿？ Qiánbiān jiù shì gòuwù zhōngxīn, gěi nín tíng nǎr?
汉娜	停在十字路口这边就可以，谢谢。 Tíng zài shízì lùkǒu zhèbiān jiù kěyǐ, xièxie. 您走的这条路真好，一点儿也不堵车。 Nín zǒu de zhè tiáo lù zhēn hǎo, yìdiǎnr yě bù dǔchē.
司机	没迟到吧？ Méi chídào ba?
汉娜	没有，谢谢。给您钱。 Méiyǒu, xièxie. Gěi nín qián.
司机	给您发票，别忘了拿上自己的东西。 Gěi nín fāpiào, bié wàngle náshang zìjǐ de dōngxi.

■ 위의 대화 내용을 바탕으로 다음 질문에 답하세요.

(1) 汉娜跟朋友是怎么约的？

(2) 出租车司机为什么要走比较远的路？

(3) 司机为什么喜欢走河边的路？

(4) 汉娜下车时，司机告诉她什么？

1. 비교하기

(1) 我觉得地铁比公共汽车快。
Wǒ juéde dìtiě bǐ gōnggòngqìchē kuài.

(2) 打车要比坐地铁贵得多。
Dǎchē yào bǐ zuò dìtiě guì de duō.

(3) 坐什么车都没有骑车方便。
Zuò shénme chē dōu méiyǒu qí chē fāngbiàn.

2. 교통편 묻기

(1) 我下午要去外语学院看朋友，应该怎么坐车啊?
Wǒ xiàwǔ yào qù Wàiyǔ Xuéyuàn kàn péngyou, yīnggāi zěnme zuò chē a?

(2) 还要换车，是吗?
Hái yào huàn chē, shì ma?

(3) 坐地铁到得了吗?
Zuò dìtiě dào de liǎo ma?

(4) 换车太麻烦了。走路要走多远?
Huàn chē tài máfan le. Zǒu lù yào zǒu duō yuǎn?

(5) 骑车怎么样?
Qí chē zěnmeyàng?

(6) 学校门口有地铁吗?
Xuéxiào ménkǒu yǒu dìtiě ma?

3. 상기시키기

(1) 前边就是购物中心。
Qiánbiān jiù shì gòuwù zhōngxīn.

(2) 别忘了拿上自己的东西。
Bié wàngle náshang zìjǐ de dōngxi.

(3) 该下车了。
Gāi xià chē le.

(4) 到了。
Dào le.

말하기 연습

1. 발음에 유의하며 잘 듣고 따라 읽어 보세요. `Track 10-05`

> 车到山前必有路。
> Chē dào shān qián bì yǒu lù.
> 수레가 산 앞에 도달하면 반드시 길은 있다. 뜻이 있는 곳에 길이 있다.

(1) 决定 juédìng 결정하다

我决定骑车去。 | 他还没有决定。

(2) 情况 qíngkuàng 상황

情况怎么样? | 这里的情况我们都了解。

(3) 提醒 tíxǐng 상기하다, 일깨우다

请你提醒他一下。 | 他提醒我别忘了东西。

2. 큰 소리로 말해 보세요.

(1) 然后 ránhòu 그런 후에, 그다음에

我先想想，然后再决定。 | 我们先看电影，然后再去书店。

10 地铁比公共汽车快。 *107*

(2) 比 bǐ ~보다, ~에 비해

我比他高。 | 他比我大两岁。 | 今天比昨天冷多了。

(3) 大约 dàyuē 대략, 아마, 대개

大约20分钟 | 大约200米 | 大约十六七岁

(4) 没有 méiyǒu ~만큼 ~하지 않다

他没有我高。 | 这儿没有那儿冷。 | 这本书没有那本书好看。

(5) 过 guò 가다, 건너다, 지나다

过河 | 过桥 | 过马路要小心车。

(6) (不仅)……而且…… (bùjǐn)……érqiě…… ~일 뿐만 아니라 ~이다

他不仅会唱歌，而且会跳舞。 | 他没来，而且也没打电话。

3. 문장 속 밑줄 친 부분을 아래에 제시된 표현으로 바꿔 말해 보세요.

(1) 我觉得地铁比公共汽车快。

> ★ 这个小区 / 那个小区 / 安静　　★ 那个电影 / 这个电影 / 有意思
> ★ 这个学期 / 上个学期 / 紧张

(2) 打车比坐地铁贵得多。

> ★ 他 / 我 / 高　　★ 我的房间 / 他的房间 / 整齐
> ★ 郊外 / 公园 / 好玩　　★ 经贸大学 / 外语学院 / 远

(3) 坐什么车都没有骑车方便。

> ★ 买什么礼物 / 送花 / 合适　　★ 什么水果 / 苹果 / 好吃
> ★ 什么 / 京剧 / 好看

(4) 先坐25路，然后再换320路。

> ★ 商量商量 / 决定怎么办　　★ 到上海开会 / 去西安参观
> ★ 找好房子 / 想搬家的事儿

(5) A　你说我们走哪条路？
　　B　这条路不仅车少，而且红绿灯也少。
　　A　听你的，走这条路吧。

> ★ 河边的路 / 不堵车 / 还近一点儿 / 走河边的路吧
> ★ 市中心 / 车多 / 自行车也多 / 不走市中心
> ★ 新修的路 / 车少 / 人也少 / 走新修的路吧

(6) A　我们去外语学院，怎么走好？
　　B　还是坐地铁吧，快，而且人也不多。

> ★ 郊外 / 骑车 / 锻炼身体 / 路上风景也好
> ★ 老师家 / 走路 / 不远 / 坐车人太多
> ★ 博物馆 / 打车 / 那条路不堵车 / 红绿灯也少

4. 괄호 안에 주어진 표현을 활용하여 문장을 완성해 보세요.

(1) A　我要去外语学院，应该怎么坐车啊？

　　B　_____，到博物馆下车，

　　　　_____，就到了。（先 / 然后）

　　A　还要换车啊？

　　B　是啊，外语学院_____。（挺）

10 地铁比公共汽车快。

(2) A 坐地铁到得了外语学院吗?

　　B ＿＿＿＿＿＿＿＿＿＿＿＿＿＿＿＿，你下了地铁还要换车。(到不了)

　　A 地铁和公共汽车，哪个快?

　　B ＿＿＿＿＿＿＿＿＿＿＿＿＿＿＿＿。(比)

(3) A 你不喜欢坐地铁的话，可以打车去。

　　B ＿＿＿＿＿＿＿＿＿＿＿＿＿＿＿＿。(……得多)

　　A 是，打车比较贵。那你骑车怎么样?

　　B ＿＿＿＿＿＿＿＿＿＿＿＿＿＿＿＿。我就骑车吧。(什么 / 没有)

(4) A 师傅，我们到购物中心要多长时间?

　　B ＿＿＿＿＿＿＿＿＿＿＿＿＿＿＿＿；堵车的话，就不知道了。
　　　(……的话 / 大约)

　　A 有没有不堵车的路啊?

　　B 新修的一条路不堵车，不过＿＿＿＿＿＿＿＿＿＿＿＿＿＿＿＿。(比)

　　A 远一点儿没关系。

(5) A 师傅，我快迟到了，有没有快一点儿的路?

　　B 河边有一条路，＿＿＿＿＿＿＿＿＿＿＿＿＿＿＿＿。(不仅……而且……)

　　A 那我们走那条路吧。

　　B 可是那条路有点儿远。

　　A 没关系，＿＿＿＿＿＿＿＿＿＿＿＿＿＿＿＿。(越……越……)

(6) A 马上到了，给您停哪儿?

　　B ＿＿＿＿＿＿＿＿＿＿＿＿＿＿＿＿就可以，谢谢。(停)

　　A 这条路又快又好吧?

B 没错，_____。谢谢，给您钱。（堵车）

A 给您发票，_____。（别忘了）

실전 말하기 연습

1. 다음 단어와 문형을 최대한 활용해 자신의 집에서 국립고궁박물관까지 가는 길을 설명해 보세요.

公共汽车	地铁	走	去	到
比	下车	上车	坐	看到
住在……	（先……）然后……		又……又……	

10 地铁比公共汽车快。

11 去药店不如去医院。
Qù yàodiàn bùrú qù yīyuàn.
약국에 가는 것보다 병원에 가는 게 나아요.

말하기 훈련

1

새 단어 Track 11-01

喂 wèi 갑 (전화상에서) 여보세요 · 选修 xuǎnxiū 동 선택과목을 수강하다 · 请假 qǐngjià 동 결강을 신청하다, 휴가를 내다 · 肚子 dùzi 명 배, 복부 · 发烧 fāshāo 동 열이 나다 · 药店 yàodiàn 명 약국 · 药 yào 명 약 · 不如 bùrú 동 ~만 못하다, ~하는 편이 낫다 · 检查 jiǎnchá 동 검사하다 · 社区 shèqū 명 지역 사회 · 赶快 gǎnkuài 부 빨리, 얼른, 어서 · 吴 Wú 고유 우[성씨]

▶ 마틴이 선생님께 전화를 걸어 결강을 신청합니다. Track 11-02

马丁　喂，请问是吴老师吗?
　　　Wèi, qǐngwèn shì Wú lǎoshī ma?

老师　对，是我。
　　　Duì, shì wǒ.

马丁　老师，您好。我是您的学生马丁，
　　　Lǎoshī, nín hǎo. Wǒ shì nín de xuésheng Mǎdīng,

　　　我上您的电影选修课。
　　　wǒ shàng nín de diànyǐng xuǎnxiū kè.

老师　哦，马丁，有事吗?
　　　Ò, Mǎdīng, yǒu shì ma?

马丁　今天下午的课，我能请假吗?
　　　Jīntiān xiàwǔ de kè, wǒ néng qǐngjià ma?

老师　你怎么了?
　　　Nǐ zěnme le?

112

马丁　我身体不舒服。今天上午一直肚子疼，
　　　Wǒ shēntǐ bù shūfu. Jīntiān shàngwǔ yìzhí dùzi téng,

　　　现在好像还有点儿发烧。
　　　xiànzài hǎoxiàng hái yǒudiǎnr fāshāo.

老师　去医院了吗？
　　　Qù yīyuàn le ma?

马丁　没有，我想去药店买点儿药。
　　　Méiyǒu, wǒ xiǎng qù yàodiàn mǎi diǎnr yào.

老师　不行，去药店不如去医院，
　　　Bùxíng, qù yàodiàn bùrú qù yīyuàn,

　　　医院的医生可以好好儿帮你检查一下。
　　　yīyuàn de yīshēng kěyǐ hǎohāor bāng nǐ jiǎnchá yíxià.

马丁　老师，学校附近有医院吗？
　　　Lǎoshī, xuéxiào fùjìn yǒu yīyuàn ma?

老师　大医院都离得比较远，学校西门外边有个社区医院，
　　　Dà yīyuàn dōu lí de bǐjiào yuǎn, xuéxiào xīmén wàibian yǒu ge shèqū yīyuàn,

　　　虽然比较小，但是医生都不错。
　　　suīrán bǐjiào xiǎo, dànshì yīshēng dōu búcuò.

马丁　哦，我好像看见过。谢谢老师。
　　　Ò, wǒ hǎoxiàng kànjiàn guo. Xièxie lǎoshī.

老师　你赶快去吧。看完病，回去好好儿休息。
　　　Nǐ gǎnkuài qù ba. Kànwán bìng, huíqù hǎohāor xiūxi.

■ 위의 대화 내용을 바탕으로 다음 질문에 답하세요.

(1) 马丁为什么要请假？

(2) 马丁去医院了吗？他想怎么办？

(3) 老师为什么让他去医院？

(4) 老师告诉他可以去哪里的医院？

2

새 단어 Track 11-03

感冒 gǎnmào 동 감기에 걸리다 · 腿 tuǐ 명 다리 · 受伤 shòushāng 동 다치다, 부상을 당하다, 상처를 입다 · 厉害 lìhai 형 심하다, 대단하다 · 严重 yánzhòng 형 심각하다, 중대하다 · 住院 zhùyuàn 동 입원하다 · 照顾 zhàogu 동 돌보다, 보살피다 · 撞 zhuàng 동 부딪치다, 충돌하다 · 倒 dǎo 동 넘어지다, 넘어뜨리다 · 恢复 huīfù 동 회복하다 · 转告 zhuǎngào 동 전달하다, 말을 전하다

▶ 한나는 제이슨을 대신해서 선생님께 결강을 신청합니다. Track 11-04

汉娜 老师，杰森让我帮他请假。
Lǎoshī, Jiésēn ràng wǒ bāng tā qǐngjià.

老师 他怎么了？病了吗？
Tā zěnme le? Bìng le ma?

汉娜 他感冒了，而且他的腿也受伤了。
Tā gǎnmào le, érqiě tā de tuǐ yě shòushāng le.

老师 啊，厉害吗？
Á, lìhai ma?

汉娜 他的感冒很厉害，
Tā de gǎnmào hěn lìhai,

不过，他的腿不太严重。
búguò, tā de tuǐ bú tài yánzhòng.

老师 他去医院了吗？
Tā qù yīyuàn le ma?

汉娜 去了，医生让他住院，可是他不同意。
Qù le, yīshēng ràng tā zhùyuàn, kěshì tā bù tóngyì.

老师 为什么？
Wèishénme?

汉娜 他说，医院不如家里方便，
Tā shuō, yīyuàn bùrú jiā lǐ fāngbiàn,

家里有人照顾他。
jiā lǐ yǒu rén zhàogu tā.

老师　他的腿是怎么受伤的？
　　　Tā de tuǐ shì zěnme shòushāng de?

汉娜　前天打球的时候，他和别人撞在一起，摔倒了。
　　　Qiántiān dǎqiú de shíhou, tā hé biéren zhuàng zài yìqǐ, shuāidǎo le.

老师　现在好点儿了吗？
　　　Xiànzài hǎo diǎnr le ma?

汉娜　今天好多了，
　　　Jīntiān hǎoduō le,
　　　他说他下星期就能来上课了。
　　　tā shuō tā xià xīngqī jiù néng lái shàngkè le.

老师　你们运动的时候一定要小心。
　　　Nǐmen yùndòng de shíhou yídìng yào xiǎoxīn.
　　　告诉他，让他在家好好儿休息，
　　　Gàosu tā, ràng tā zài jiā hǎohāor xiūxi,
　　　希望他早点儿恢复。
　　　xīwàng tā zǎo diǎnr huīfù.

汉娜　好的，老师，我一定转告他。
　　　Hǎode, lǎoshī, wǒ yídìng zhuǎngào tā.

■ 위의 대화 내용을 바탕으로 다음 질문에 답하세요.

(1) 杰森怎么了？

(2) 医生怎么说？

(3) 杰森为什么不住院？

(4) 杰森现在怎么样？什么时候能来上课？

(5) 汉娜要转告杰森什么？

1. 원인과 이유 묻기

(1) A 今天下午的课，我能请假吗?
Jīntiān xiàwǔ de kè, wǒ néng qǐngjià ma?

B 你怎么了?
Nǐ zěnme le?

(2) A 医生让他住院，可是他不同意。
Yīshēng ràng tā zhùyuàn, kěshì tā bù tóngyì.

B 为什么?
Wèishénme?

(3) A 他的腿是怎么受伤的?
Tā de tuǐ shì zěnme shòushāng de?

B 前天打球的时候，他和别人撞在一起，摔倒了。
Qiántiān dǎqiú de shíhou, tā hé biéren zhuàng zài yìqǐ, shuāidǎo le.

2. 관심 표현하기

(1) 他怎么了? 病了吗?
Tā zěnme le? Bìng le ma?

(2) 病得厉害吗?
Bìng de lìhai ma?

(3) 去医院了吗?
Qù yīyuàn le ma?

(4) 现在好点儿了吗?
Xiànzài hǎo diǎnr le ma?

(5) 让他在家好好儿休息。
Ràng tā zài jiā hǎohāor xiūxi.

3. 비교하기

(1) 去药店不如去医院，医院的医生可以好好儿帮你检查一下。
Qù yàodiàn bùrú qù yīyuàn, yīyuàn de yīshēng kěyǐ hǎohāor bāng nǐ jiǎnchá yíxià.

(2) 医院不如家里方便，家里有人照顾他。
Yīyuàn bùrú jiā lǐ fāngbiàn, jiā lǐ yǒu rén zhàogu tā.

(3) 今天天气不如昨天好。
Jīntiān tiānqì bùrú zuótiān hǎo.

(4) 公共汽车不如地铁快。
Gōnggòngqìchē bùrú dìtiě kuài.

(5) 坐什么车都不如骑车方便。
Zuò shénme chē dōu bùrú qí chē fāngbiàn.

말하기 연습

1. 발음에 유의하며 잘 듣고 따라 읽어 보세요. Track 11-05

> 饭后百步走，活到九十九。
> Fàn hòu bǎi bù zǒu, huódào jiǔshíjiǔ.
> 밥을 먹고 백 보를 걸으면 아흔아홉 살까지 살 수 있다. 식후에 가벼운 운동을 하면 장수할 수 있다.

(1) 咳嗽 késou 기침하다

他感冒了，还咳嗽。｜ 我咳嗽得厉害，得去医院。

(2) 嗓子 sǎngzi 목, 인후

嗓子疼 ｜ 我今天嗓子不好，说不出话。

(3) 全 quán 온, 전, 모두 갖추다

全中国 ｜ 颜色很全，什么颜色的都有。

(4) 死 sǐ 죽다

花儿死了，树没死。｜ 那儿撞车了，还死了一个人。

2. 큰 소리로 말해 보세요.

(1) 请假 qǐngjià 결강을 신청하다, 휴가를 내다

到公司请假 | 跟老师请假 | 我请了三天假。

(2) 不如 bùrú ~만 못하다, ~하는 편이 낫다

走路不如骑车。 | 我的听力不如你。 | 他的身体一年不如一年。

(3) 赶快 gǎnkuài 빨리, 얼른, 어서

赶快来。 | 赶快帮帮我。 | 赶快把书包拿来。

(4) 受伤 shòushāng 다치다, 부상을 당하다, 상처를 입다

他受伤了。 | 我受过伤。 | 有人受过两次伤。

(5) 厉害 lìhai 심하다, 대단하다

咳嗽很厉害。 | 天热得厉害。

(6) 照顾 zhàogu 돌보다, 보살피다

照顾病人 | 照顾好你自己。 | 车上的座位要先照顾老人和孩子。

(7) 倒 dǎo 넘어지다, 넘어뜨리다

瓶子倒了。 | 风把树刮倒了。 | 路上都是雪，有人摔倒了。

3. 문장 속 밑줄 친 부분을 아래에 제시된 표현으로 바꿔 말해 보세요.

(1) A 老师，今天的课我能请假吗？
    B 为什么？
    A 我妈妈来中国了，我想陪她玩儿一天。

> ★ 为什么 / 有点儿不舒服 / 去看病
> ★ 怎么了 / 同屋病了 / 陪她去医院
> ★ 你怎么了 / 还在发烧 / 好好儿休息休息

(2) A 你怎么了？
    B 我有点儿不舒服，肚子疼，还有点儿咳嗽。

118

A 去医院了吗?
B 我想去药店买点儿药。
A 去药店不如去医院好,还是去医院吧。

- ★ 身体不太好 / 嗓子疼 / 发烧 / 不如
- ★ 受伤了 / 踢球摔了一下 / 感冒 / 没有
- ★ 病了 / 头疼 / 咳嗽 / 没有

(3) A 学校附近有医院吗?
B 学校旁边有个社区医院,虽然比较小,但是医生都不错。

- ★ 超市 / 小超市 / 东西很全   ★ 公园 / 小公园 / 也挺不错
- ★ 饭馆 / 小饭馆 / 饭菜很好吃

(4) A 他嗓子疼,好像感冒了。
B 厉害吗?
A 今天比昨天厉害。
B 赶快去医院吧。

- ★ 感冒了 / 还发烧 / 越来越严重了
- ★ 腿受伤了 / 特别疼 / 好像挺厉害的
- ★ 肚子疼 / 还老去卫生间 / 比上午严重得多

(5) A 他怎么了?
B 摔倒了,腿受伤了。

- ★ 电视 / 坏 / 没有声音   ★ 花瓶 / 碎 / 花儿也死   ★ 手机 / 坏 / 没法用

(6) A 告诉杰森,好好儿休息。
B 好的,我一定转告。

- ★ 希望他早点儿恢复 / 告诉他   ★ 明天早点儿来 / 告诉他
- ★ 我们都欢迎他 / 转告

11 去药店不如去医院。 119

4. 괄호 안에 주어진 표현을 활용하여 문장을 완성해 보세요.

(1) A 老师，您好！我是您的学生丁丁。

　　B 哦，丁丁，_____？（事）

　　A 我病了，下午的_____？（请假）

　　B 可以请假，你_____。（好好儿）

(2) A 你怎么了？

　　B 我身体_____，一直_____。（舒服 / 肚子）

　　A 你去医院了吗？

　　B 我不想去，我想_____。（药店）

　　A 你最好还是去医院。

(3) A 丁丁，_____？（怎么）

　　B 我头疼，好像_____。（发烧）

　　A 那你去医院看看吧。

　　B 去药店买点儿药就行吧？

　　A _____，
　　　医生可以_____。（不如 / 检查）

(4) A 丁丁来了吗？

　　B 老师，他没来，_____。（请假）

　　A 他怎么了？

　　B 他病了，_____。（感冒 / 厉害）

　　A 现在感冒的人很多，你们都要注意。

(5) A 喂，是吴老师吗？

120

B 我就是。

A 老师，我是丁丁，今天的课＿＿＿＿＿＿＿＿＿＿＿＿。（……不了）

B 你怎么了？

A 昨天打球的时候，＿＿＿＿＿＿＿＿＿＿＿＿＿。（撞 / 摔倒了）

B 受伤了吗？

A 我的腿受伤了，不过＿＿＿＿＿＿＿＿＿＿＿＿。（严重）

B 那你别来上课了，好好儿休息，早点儿恢复。

(6) A 他病得厉害吗？

B 很厉害，医生＿＿＿＿＿＿＿＿＿＿＿＿＿＿。（住院）

A 那就住院吧。

B 他不同意，他说＿＿＿＿＿＿＿＿＿＿＿＿＿，

＿＿＿＿＿＿＿＿＿＿＿＿＿。（不如 / 照顾）

A 家里有人就好多了。请你＿＿＿＿＿＿＿＿，以后一定要小心。（转告）

실전 말하기 연습

1. 다음 단어와 문형을 최대한 활용해 의사와 환자의 대화를 만들고, 친구와 역할극을 해 보세요.

不舒服	肚子	疼	感冒	头疼	发烧	厉害	严重
住院	受伤	腿	摔倒	撞	药店	药	咳嗽
照顾	恢复	虽然……但是……		赶快	不如		

_____

_____

11 去药店不如去医院。 121

12 家家都是新房子。
Jiā jiā dōu shì xīn fángzi.
집집마다 모두 새 집이에요.

말하기 훈련

①

새 단어 Track 12-01

农村 nóngcūn 명 농촌, 시골 · 做客 zuòkè 동 손님이 되다 · 完全 wánquán 부 완전히, 전혀, 전부 · 城市 chéngshì 명 도시 · 区别 qūbié 명 차이, 구분, 구별 · 条件 tiáojiàn 명 조건 · 娱乐 yúlè 동 오락하다, 즐겁게 보내다 · 房子 fángzi 명 집 · 报纸 bàozhǐ 명 신문, 신문지 · 年轻 niánqīng 형 젊다, 어리다 · 年轻人 niánqīngrén 명 젊은이 · 大多 dàduō 부 대부분, 거의 다, 대다수 · 老人 lǎorén 명 노인 · 只 zhǐ 부 단지, 오직, 겨우

▶ 마틴은 한나에게 주말에 농촌에 갔던 것을 이야기합니다. Track 12-02

汉娜　周末你都做什么了?
　　　Zhōumò nǐ dōu zuò shénme le?

马丁　我去了一趟农村，朋友请我去他父母家做客。
　　　Wǒ qùle yí tàng nóngcūn, péngyou qǐng wǒ qù tā fùmǔ jiā zuòkè.

汉娜　我还没去过中国的农村呢，怎么样?
　　　Wǒ hái méi qùguo Zhōngguó de nóngcūn ne, zěnmeyàng?

马丁　跟我想的完全不一样，
　　　Gēn wǒ xiǎng de wánquán bù yíyàng,

　　　我觉得和城市差不多，没什么区别。
　　　wǒ juéde hé chéngshì chàbuduō, méi shénme qūbié.

汉娜　我也听说，现在的农村和以前不一样了。
　　　Wǒ yě tīngshuō, xiànzài de nóngcūn hé yǐqián bù yíyàng le.

马丁　是啊，他们的生活条件很好，购物、娱乐，都很方便，
　　　Shì a, tāmen de shēnghuó tiáojiàn hěn hǎo, gòuwù、yúlè, dōu hěn fāngbiàn,

差不多家家都是新房子。
chàbuduō jiā jiā dōu shì xīn fángzi.

汉娜 这大概就是报纸上说的
Zhè dàgài jiù shì bàozhǐ shang shuō de

新农村吧。
xīn nóngcūn ba.

马丁 不过那里的人比较少，
Búguò nàli de rén bǐjiào shǎo,

特别是年轻人少，
tèbié shì niánqīngrén shǎo,

大多是老人和孩子。
dàduō shì lǎorén hé háizi.

汉娜 哦，年轻人差不多都到城市里
Ò, niánqīngrén chàbuduō dōu dào chéngshì lǐ

去工作或者打工了。
qù gōngzuò huòzhě dǎgōng le.

马丁 对，我这个朋友家里就是这样，
Duì, wǒ zhège péngyou jiā lǐ jiù shì zhèyàng,

他和哥哥两个人都在城市里工作，
tā hé gēge liǎng ge rén dōu zài chéngshì lǐ gōngzuò,

只有父母还在农村。
zhǐ yǒu fùmǔ hái zài nóngcūn.

■ 위의 대화 내용을 바탕으로 다음 질문에 답하세요.

(1) 马丁去农村干什么?

(2) 马丁看到的农村是什么样子?

(3) 那里常住的是什么人?

(4) 农村的年轻人大多干什么去了?

2

새 단어 Track 12-03

羡慕 xiànmù 동 부러워하다, 탐내다 • 环境 huánjìng 명 환경, 주위 상황 • 污染 wūrǎn 동 오염되다, 오염시키다 • 健康 jiànkāng 형 (사물의 상태가) 건강하다, 건전하다 • 食品 shípǐn 명 식품 • 蔬菜 shūcài 명 채소 • 养 yǎng 동 기르다, 부양하다 • 只 zhī 양 마리, 쪽, 짝, 개 • 鸡 jī 명 닭 • 鸡蛋 jīdàn 명 달걀

▶ 마틴은 농촌의 환경과 자연 친화적인 생활을 매우 부러워합니다. Track 12-04

马丁　我真羡慕生活在农村的人。
　　　Wǒ zhēn xiànmù shēnghuó zài nóngcūn de rén.

汉娜　为什么？你这次去农村又有什么新发现？
　　　Wèishénme? Nǐ zhè cì qù nóngcūn yòu yǒu shénme xīn fāxiàn?

马丁　我发现他们那儿的环境比我们这儿好得多。
　　　Wǒ fāxiàn tāmen nàr de huánjìng bǐ wǒmen zhèr hǎo de duō.

汉娜　农村的环境当然比城市好了，
　　　Nóngcūn de huánjìng dāngrán bǐ chéngshì hǎo le,

　　　没有那么多汽车，没有那么多污染。
　　　méiyǒu nàme duō qìchē, méiyǒu nàme duō wūrǎn.

马丁　要是我们这儿的环境也那么好，该多好啊！
　　　Yàoshi wǒmen zhèr de huánjìng yě nàme hǎo, gāi duō hǎo a!

汉娜　我也希望那样。不过，可能不容易。
　　　Wǒ yě xīwàng nàyàng. Búguò, kěnéng bù róngyì.

马丁　他们吃的东西也比我们吃的健康。
　　　Tāmen chī de dōngxi yě bǐ wǒmen chī de jiànkāng.

汉娜　吃的东西有什么不一样？
　　　Chī de dōngxi yǒu shénme bù yíyàng?

马丁　他们吃的都是绿色食品。
　　　Tāmen chī de dōu shì lǜsè shípǐn.

汉娜　真是羡慕他们。
　　　Zhēnshi xiànmù tāmen.

　　　可是，城市里也能买到绿色食品啊。
　　　Kěshì, chéngshì lǐ yě néng mǎidào lǜsè shípǐn a.

马丁　他们吃的是最新鲜的，
　　　Tāmen chī de shì zuì xīnxiān de,

　　　因为他们一般都自己种蔬菜。
　　　yīnwèi tāmen yìbān dōu zìjǐ zhòng shūcài.

汉娜　对了，他们还可以养几只鸡，天天吃新鲜鸡蛋。
　　　Duì le, tāmen hái kěyǐ yǎng jǐ zhī jī, tiāntiān chī xīnxiān jīdàn.

马丁　没错，这种生活多好啊！
　　　Méi cuò, zhè zhǒng shēnghuó duō hǎo a!

■ 위의 대화 내용을 바탕으로 다음 질문에 답하세요.

(1) 马丁羡慕农村什么?

(2) 农村的环境和城里有什么不同?

(3) 农村人吃的和城里有什么不同?

 필수 표현

1. 부러움 표현하기

(1) 我真羡慕生活在农村的人。
　　Wǒ zhēn xiànmù shēnghuó zài nóngcūn de rén.

(2) 要是我们这儿的环境也那么好，该多好啊！
　　Yàoshi wǒmen zhèr de huánjìng yě nàme hǎo, gāi duō hǎo a!

(3) 真是羡慕他们。
　　Zhēnshi xiànmù tāmen.

(4) 这种生活多好啊！
　　Zhè zhǒng shēnghuó duō hǎo a!

2. 비교하기

(1) A 我还没去过中国的农村呢，怎么样？
Wǒ hái méi qùguo Zhōngguó de nóngcūn ne, zěnmeyàng?

B 跟我想的完全不一样。
Gēn wǒ xiǎng de wánquán bù yíyàng.

(2) 我觉得和城市差不多，没什么区别。
Wǒ juéde hé chéngshì chàbuduō, méi shénme qūbié.

(3) 现在的农村和以前不一样了。
Xiànzài de nóngcūn hé yǐqián bù yíyàng le.

3. 예측하기

(1) 这大概就是报纸上说的新农村吧。
Zhè dàgài jiù shì bàozhǐ shang shuō de xīn nóngcūn ba.

(2) 可能不容易。
Kěnéng bù róngyì.

말하기 연습

1. 발음에 유의하며 잘 듣고 따라 읽어 보세요. Track 12-05

十年树木，百年树人。
Shí nián shù mù, bǎi nián shù rén.
나무를 기르는 데는 십 년이 필요하고 사람을 양성하는 데는 백 년이 필요하다.

(1) 猫 māo 고양이

一只黑猫和一只白猫 | 他养了几只猫。

(2) 狗 gǒu 개

一只狗 | 他每天带着狗散步。

(3) 袜子 wàzi 양말

一只袜子 | 干净的袜子

(4) 鞋 xié 신발

这只鞋好像比那只小。 | 一双鞋

2. 큰 소리로 말해 보세요.

(1) 年轻 niánqīng 젊다, 어리다

年轻人 | 他很年轻。 | 我的父母已经不年轻了。

(2) 只 zhǐ 단지, 오직, 겨우

只来了一个人。 | 只会说汉语。 | 我只去过上海。

(3) 只 zhī 마리, 쪽, 짝, 개

一只鸡 | 两只猫 | 三只狗 | 一只袜子 | 一只鞋

(4) 区别 qūbié 차이, 구분, 구별

区别很大 | 没有区别 | 这两种方式的区别是什么?

(5) 报纸 bàozhǐ 신문, 신문지

一张报纸 | 一份报纸 | 看报纸 | 报纸上说

(6) 污染 wūrǎn 오염되다, 오염시키다

环境污染 | 空气污染 | 污染很严重。

(7) 多……啊 duō……a 얼마나 ~한가

多好看啊! | 多冷啊! | 在家吃饭，多麻烦啊!

3. 문장 속 밑줄 친 부분을 아래에 제시된 표현으로 바꿔 말해 보세요.

(1) A 他们可以养几只鸡，天天吃新鲜鸡蛋。

B 这种生活多好啊!

- ★ 自己种菜 / 吃新鲜蔬菜 / 真羡慕他们
- ★ 8点起床 / 睡懒觉 / 我们也能这样，该多好啊
- ★ 骑着自行车 / 在郊外玩儿 / 那多好啊，真羡慕他们

(2) A 中国的农村怎么样？
    B 我觉得和城市差不多，没什么区别。

- ★ 他的词典 / 我的   ★ 马丁的汉语 / 中国人说的
- ★ 友美的汉字写得 / 老师写的

(3) A 我还没去过中国的农村呢，怎么样？
    B 跟我想的完全不一样。

- ★ 上海 / 特别   ★ 他们家 / 一点儿也   ★ 他们那个小区 / 完全

(4) 现在的农村，差不多家家都是新房子。

- ★ 年轻人 / 个个 / 很有特点   ★ 银行 / 家家 / 有网上服务
- ★ 马路 / 条条 / 有不少红绿灯

(5) 现在农村年轻人比较少，大多是老人和孩子。

- ★ 春天北京雨天 / 晴天   ★ 留学生用固定电话的 / 用手机
- ★ 现在会唱京剧的年轻人 / 老人

(6) A 要是我们这儿的环境也那么好，该多好啊！
    B 可能不容易。

- ★ 我的汉语也能说得那么好 / 可能不难吧
- ★ 大家都坐地铁 / 大概不太可能
- ★ 我们也养几只鸡 / 大概不可以吧

4. 괄호 안에 주어진 표현을 활용하여 문장을 완성해 보세요.

(1) A　周末我去了一趟农村。

　　B　是_____吗？（做客）

　　A　是啊，我以前_____中国农村，这是第一次。（没）

　　B　怎么样？

　　A　跟我想的完全不一样，觉得和城市_____。（区别）

(2) A　我听说，现在的农村和以前不一样了。

　　B　是啊，和城市差不多，_____。（区别）

　　A　_____怎么样？（条件）

　　B　购物、娱乐，都很方便，新房子特别多，差不多家家都是新房子。

　　A　_____。（完全）

(3) A　现在城市里人这么多，农村人一定少吧？

　　B　是啊，_____年轻人少，农村里_____。（特别 / 大多）

　　A　哦，年轻人差不多都到城市里_____。（打工）可是他们的孩子怎么不和他们在一起呀？

　　B　听说，工作太忙，有孩子不方便，还有一些是孩子要回去上学。

(4) A　我_____生活在农村的人。（羡慕）

　　B　为什么？

　　A　我觉得他们那儿的环境_____。（好得多）

　　B　是这样，我这次去农村_____，那儿没有那么多汽车，污染也少一些。（发现）

(5) A 我们这儿要是环境好一些，空气好一些，汽车少一些，
　　　＿＿＿＿＿＿＿＿＿＿＿＿＿＿＿！（该……啊）

　　B 那当然好了。不过，＿＿＿＿＿＿＿＿＿＿＿＿＿＿。（不容易）

　　A 我太羡慕农村了。他们吃的东西＿＿＿＿＿＿＿＿＿＿＿＿。（健康）

　　B 吃的东西不一样吗？

　　A 当然不一样了，他们吃的都是绿色食品。

(6) A 在城市，超市里的绿色食品也越来越多了。

　　B 可是在农村，吃的是＿＿＿＿＿＿＿＿＿＿＿＿＿，
　　　因为＿＿＿＿＿＿＿＿＿＿＿＿＿＿。（新鲜 / 种）

　　A 是，还能＿＿＿＿＿＿＿＿＿＿＿＿＿＿，天天吃新鲜鸡蛋。（养）

　　B 这种生活多好啊！

실전 말하기 연습

1. 농촌에서 생활해 본 적 있나요? 다음 단어와 문형을 최대한 활용해 그 경험을 말해 보세요.

区别	购物	方便	房子	鸡蛋	汽车
羡慕	娱乐	污染	新鲜	舒服	种
环境	鸡	养	健康	生活条件	
绿色食品		和……不一样		(该)多……啊	

01

말하기 훈련

1

토모미	어머, 스즈키 아닌가요? 베이징에 언제 왔어요?
스즈키	토모미, 오랜만이에요. 나는 중국어 연수를 받으러 왔어요. 그저께 막 도착했어요.
토모미	여기서 만날 줄은 정말 생각도 못 했어요. 베이징에서는 연수를 얼마 동안 받는 거예요?
스즈키	총 3개월이에요. 베이징에서 두 달, 홍콩에서 한 달이에요.
토모미	아 참, 내가 올 때 당신 여동생도 중국에 오려고 신청 중이었는데 그 후에는 어떻게 됐나요?
스즈키	여동생은 지금 시안에서 중국어를 배우고 있어요. 어제 전화했는데 동생이 나보고 당신에게 연락해 보라고 했었어요.
토모미	정말요? 나와 당신 여동생도 한참 동안 못 만났네요.
스즈키	참, 시안에 가 본 적 있어요?
토모미	아직 못 가 봤어요. 온 지 이렇게 한참이나 됐는데 매일 수업을 듣느라 아무 데도 못 가 봤어요.
스즈키	그럼 우리 기회를 봐서 같이 가요.
토모미	좋아요.

(1) 토모미는 스즈키가 베이징에 온 걸 알았나요?
　　她不知道铃木来北京了。
　　그녀는 스즈키가 베이징에 온 것을 몰랐습니다.

(2) 토모미는 스즈키의 여동생을 알고 있나요?
　　她认识铃木的妹妹。
　　그녀는 스즈키의 여동생을 알고 있습니다.

(3) 스즈키는 무엇을 하러 베이징에 왔나요?
　　他来北京参加汉语培训。
　　그는 중국어 연수를 받으러 베이징에 왔습니다.

(4) 토모미는 어느 지역에 가 봤나요?
　　她哪儿都没去过。
　　그녀는 아무 데도 못 가 봤습니다.

❷

토모미	여동생은 시안에서 어떻게 지낸대요? 그곳에 적응했대요?
스즈키	동생은 이미 익숙해졌다고 하더라고요. 공부든 생활이든 다 아주 편해서 시안을 좋아해요.
토모미	정말 그 애를 만나러 가고 싶네요.
스즈키	그렇게 해요. 함께 가서 여동생에게 우리 여행 가이드를 해 달라고 해요.
토모미	그래요. 동생에게 우리를 데리고 재미있게 놀러 다니라고 해야겠어요.
스즈키	문제없어요. 아, 토모미 지금 일이 있나요?
토모미	왜요? 지금 바로 가려고요?
스즈키	아니요. 만약에 별일 없으면 나와 물건 사러 갈 수 있나요?
토모미	좋아요. 무엇을 살 건데요?
스즈키	먹을 것, 생활용품, 이것저것 다 사야 해요. 제일 중요한 건 먼저 충전기와 건전지를 사는 거예요.
토모미	그럼 우리 슈퍼마켓에 가요.
스즈키	좋아요. 나는 아무 데도 모르고 어디든지 다 낯서니까, 나를 데리고 잘 돌아다녀야 해요.
토모미	좋아요. 내가 우선 당신의 가이드가 되어야겠네요.

(1) 스즈키의 여동생은 지금 어떤가요?

　　她对西安已经习惯了。

　　그녀는 시안에 이미 익숙해졌습니다.

(2) 토모미와 스즈키는 무슨 계획이 있나요?

　　他们一起去西安，让铃木的妹妹做他们的导游。

　　그들은 같이 시안에 가서 스즈키의 여동생에게 여행 가이드를 시킬 계획입니다.

(3) 스즈키는 지금 무엇을 하려고 하나요?

　　他现在就要去买一些东西。

　　그는 지금 물건을 사러 가려고 합니다.

(4) 스즈키는 이곳에 익숙한가요?

　　他刚到北京，什么地方都不熟悉。

　　그는 베이징에 막 왔기 때문에 어디든지 다 익숙하지 않습니다.

단어

一些 yìxiē 〔수량〕 약간, 조금

필수 표현

1.

(1) 어머, 스즈키 아닌가요?

(2) 어, 라오장!

(3) 오랜만이에요.

(4) 요즘 어때요?

(5) A 이제 익숙해졌나요?
　　B 이미 적응했어요.

단어

老 lǎo [접두] [성씨 앞에 붙여 친근감을 나타내는 호칭] ▪ 张 Zhāng [고유] 장[성씨]

2.

(1) 여기서 당신을 만날 줄은 정말 생각도 못 했어요.

(2) 정말이에요?

3.

(1) 그녀에게 가이드를 해 달라고 해서, 우리를 데리고 재미있게 놀러 다니라고 해야겠어요.

(2) 만약에 별일 없으면 나와 물건 사러 갈 수 있나요?

(3) 시간이 있으면 나와 함께 슈퍼마켓에 가 주세요!

(4) 당신이 나를 데리고 잘 돌아다녀야 해요.

말하기 연습

1.

(1) 우리가 이겼어요. | 시합에서 승리했어요.

(2) 시험을 준비하다 | 준비는 다 됐나요?

(3) 이메일 한 통 | 편지 한 통

(4) 여기를 좋아하다 | 이곳에 와 본 적이 있다

(5) 그곳을 알다 | 그곳의 생활에 적응하다

단어

之 zhī 图 ~의 ▪ 在于 zàiyú 图 ~에 달려 있다, ~에 있다 ▪ 晨 chén 명 새벽 ▪ 比赛 bǐsài 명 시합, 경기 ▪ 邮件 yóujiàn 명 이메일, 우편물

2.

(1) 오랫동안 | 아주 많이 | 무척 바빠요!

(2) 방금 들었다 | 막 알게 된 지 하루 이틀 정도 되다 | 겨우 반년 정도 배웠다 | 막 상하이에 다녀왔다

(3) 나는 어디든 다 가고 싶어요. | 그는 어느 곳이든지 다 잘 알아요. | 나는 아무 데도 못 가 봤어요.

(4) 잘 생각해 보다 | 충분히 공부하다

(5) 당신이 안 간다면 나 혼자 갈 거예요. | 만약 괜찮다면 나도 한번 해 볼게요.

(6) 당신은 참가해야 해요. | 당신은 혼자 가야 해요. | 우리는 일을 제대로 해야 해요.

단어

试 shì 图 시험 삼아 ~해 보다

3.

(1) 이 사람은 스즈키가 아닌가요?

★ 저 사람 / 야오밍   ★ 여기 / 지하철역   ★ 그것 / 마틴의 책   ★ 오늘 / 시험   ★ 오후 / 수업이 없다

(2) A 여기서 당신을 만날 줄은 정말 생각도 못 했어요.
    B 나도 생각 못 했어요.

★ 그 사람도 오다   ★ 면접이 이렇게 쉽다   ★ 이 영화가 이렇게 재미있다
★ 광고를 보면서도 중국어도 배울 수 있다   ★ 오늘 시합에서 그들이 이기다

(3) A 오후에 리쉐가 당신에게 전화했었는데 당신이 없었어요.
    B 아, 그녀가 뭐라고 했나요?
    A 당신더러 자신한테 전화해 달라고 했어요.

★ 그녀가 컴퓨터 수리하는 걸 돕다   ★ 그녀 대신 책을 한 권 사다
★ 내일 아침 일곱 시에 버스 정류장에서 그녀를 기다리다   ★ 그녀 대신 언어 교환 파트너를 찾다

(4) A 당신은 어디 가서 놀고 싶어요?
B 어디 가든 다 괜찮아요.

★ 가다 / 사다 / 가다   ★ 앉다 / 먹다 / 앉다   ★ ~에서 / 만나다 / ~에서
★ ~로 가다 / 여행하다 / ~로 가다

(5) A 그는 그곳을 아나요?
B 물론이죠. 그는 어느 곳이든 다 알아요.

★ 여기를 알다 / 어느 곳 / 알다   ★ 이 연수에 참가하다 / 어떤 연수 / 참가하다
★ 오늘 오후에 시간이 있다 / 언제 / 시간이 있다
★ 이 영화 보는 것을 좋아하다 / 어떤 영화 / 보는 것을 좋아하다

(6) A 만약에 당신 별일 없으면 우리 함께 물건을 사러 가요.
B 잘됐네요. 나도 마침 상점에 가고 싶던 참이에요.

★ 당신이 시간 있다 / 여행을 가다 / 여행을 가고 싶다
★ 괜찮다 / 같이 중국어 대회에 참가하다 / 준비하다
★ 당신이 좋아하다 / 함께 집을 빌리다 / 사람을 찾다
★ 괜찮다 / 자전거를 타고 가다 / 자전거를 타고 가고 싶다

(7) A 당신은 나를 데리고 물건을 사러 갈 수 있나요?
B 미안해요. 시간이 생기면 내가 꼭 갈게요.
A 괜찮아요.

★ 공원을 산책하다   ★ 책을 사러 가다   ★ 수속을 밟으러 가다   ★ 컴퓨터를 수리하러 가다

단어

面试 miànshì 명 면접 ▪ 容易 róngyì 형 쉽다 ▪ 广告 guǎnggào 명 광고 ▪ 哦 ò 감 아, 오[어떤 사실이나 상황을 깨달음을 나타냄] ▪ 修 xiū 동 수리하다
▪ 语伴 yǔbàn 명 언어 교환 파트너[외국어 연습을 하는 대화 상대를 뜻함] ▪ 到 dào 동 ~로 가다, ~에 가다 ▪ 租 zū 동 세내다, 세주다 ▪ 房子 fángzi 명 집
▪ 逛 guàng 동 산책하다, 돌아다니다, 거닐다 ▪ 办 bàn 동 처리하다 ▪ 手续 shǒuxù 명 수속, 절차

4.

(1)

A 这不是铃木吗？你好啊！	A 스즈키 아닌가요? 안녕하세요!
B 友美！好久不见了。	B 토모미, 오랜만이에요.
A 是啊，我们一年没见了。	A 그래요. 우리는 1년이나 못 만났네요.
B 时间过得真快！	B 시간이 참 빨리 지나가네요!

(2)
A 嘿，这不是铃木吗？	A 어머, 스즈키 아닌가요?
B 友美？真没想到在这儿看见你。	B 토모미? 여기서 당신을 만날 줄은 정말 생각도 못 했어요.
A 你怎么来上海了？	A 어떻게 상하이에 왔어요?
B 我来参加汉语培训。	B 중국어 연수를 받으러 왔어요.
A 见到你真高兴。	A 만나서 정말 기뻐요.

(3)
A 刚才马丁给你打电话，你不在。	A 방금 마틴이 당신에게 전화했었는데, 당신이 없었어요.
B 是吗？他说什么？	B 그래요? 그가 뭐라고 했어요?
A 他让你给他回电话。	A 당신더러 자신한테 전화해 달라고 했어요.
B 好的，我现在就给他打电话。	B 알겠어요. 지금 전화할게요.

(4)
A 你现在对这儿习惯了吗？	A 당신은 이제 여기에 익숙해졌나요?
B 已经习惯了，我很喜欢这里。	B 이미 적응했어요. 나는 여기가 아주 좋아요.
A 你都去了什么地方？	A 당신은 어느 지역에 가 봤어요?
B 我太忙了，我哪儿都没去过。	B 나는 너무 바빠서 아무 데도 못 가 봤어요.

(5)
A 我对这儿不熟悉，你能陪我去买东西吗？	A 내가 이곳을 잘 몰라서 그러는데, 나를 데리고 물건을 사러 가 줄 수 있어요?
B 当然可以，你想什么时候去？	B 당연히 갈 수 있죠. 언제 가고 싶어요?
A 什么时候都可以。	A 언제든지 다 괜찮아요.
B 要是方便的话，我们现在就去吧。	B 만약에 괜찮으면 우리 지금 바로 가요.
A 好，那我们就现在去吧。	A 좋아요. 그럼 우리 지금 바로 가요.

(6)
A 你什么时候参加考试？	A 당신은 시험 언제 봐요?
B 下星期一。	B 다음 주 월요일이에요.
A 最重要的是先好好儿学习，你得好好儿准备。	A 가장 중요한 건 우선 충분히 공부하는 거예요. 잘 준비해야 해요.
B 我知道，我一定好好儿准备。	B 알고 있어요. 나는 꼭 제대로 준비할 거예요.

(7)
A 你对这个地方熟悉吗?
B 我不太熟悉，我朋友特别熟悉。
A 能让他做我们的导游?
B 没问题，我让他做你们的导游。

A 당신은 이곳을 잘 알고 있나요?
B 나는 잘 모르고 내 친구가 아주 잘 알아요.
A 그 친구에게 우리 가이드를 해 달라고 할 수 있나요?
B 문제없어요. 내가 그에게 당신들의 가이드를 해 주라고 할게요.

실전 말하기 연습

1.

보낸 사람 From	아롱
받는 사람 To	×××
참조 CC	
제목 Subject	오랜만이에요
파일첨부 Attached file	

×××에게

　요즘 잘 지내나요?
　오랫동안 연락이 없었네요. 어떻게 지내요? 지금 중국에 있다고 하던데, 그곳의 생활에 적응되었나요? 새로운 친구는 많은가요? 예전에 여행 다니는 걸 많이 좋아했잖아요. 중국에는 명승고적이 많은데, 많은가요? 나와 친구들은 모두 당신을 많이 보고 싶어 해요. 우리에게 당신의 중국 생활을 이야기해 주세요.

당신의 벗 아롱이

阿龙:

　好久没联系了，你近来过得好吗?
　我来中国快半年了，已经习惯了北京的生活，我很喜欢这里。学习有点儿紧张，我哪儿都没去过。我打算放假的时候跟同屋一起去西安旅游。下次我再给你发电子邮件，请代我向大家问好。
　祝你身体健康，学习进步!

你的老朋友 ×××

아롱에게

  오랫동안 연락을 못 했네요. 요즘 잘 지내나요?

  내가 중국에 온 지도 반년이 다 되어 가네요. 나는 이미 베이징 생활에 적응했고, 이곳이 정말 좋아요. 공부가 좀 바빠서 나는 아무 데도 못 가 봤어요. 방학 때 룸메이트와 함께 시안으로 여행을 갈 계획이에요. 다음에 또 이메일을 보낼게요. 나 대신 모두에게 안부 전해 주세요.

  건강하게 지내고, 공부 열심히 해요!

당신의 오랜 친구 ×××가

단어

抄送 chāosòng 동 사본을 보내다 ▪ 附件 fùjiàn 명 첨부 문서, 부속 문건, 관련 문서 ▪ 名胜古迹 míngshènggǔjì 명 명승고적 ▪ 近来 jìnlái 명 근래, 요즘 ▪ 过 guò 동 (시간이나 세월을) 지내다, 보내다 ▪ 快……了 kuài……le 곧 ~하다 ▪ 半年 bànnián 명 반년 ▪ 紧张 jǐnzhāng 형 바쁘다, 긴박하다 ▪ 代 dài 동 대신하다 ▪ 向 xiàng 개 ~에게, ~을 향해 ▪ 问好 wènhǎo 동 안부를 묻다

02

말하기 훈련

1

제이슨 한나, 내가 질문 하나 해도 될까요?

한나 물론이죠. 무슨 질문인지 말해 보세요.

제이슨 내일 운동회에, 선생님께서 우리에게 아침 일곱 시에 운동장에 모이라고 통지했잖아요. 왜 이렇게 일찍 모이는 거예요?

한나 이른가요? 중국 사람은 모두 일찍 자고 일찍 일어나는 게 습관이에요.

제이슨 지금 매일 아침 여덟 시면 수업을 하는데, 너무 일러요. 나는 아침에 정말 일어나기 싫어요.

한나 중국의 학교는 모두 여덟 시부터 수업을 해요. 밤에 좀 일찍 잘 것을 제안할게요. 일찍 자면 일찍 일어날 수 있어요.

제이슨 왜 수업을 좀 늦게 하면 안 되는 거죠?

한나 내가 보기에 당신은 '入乡随俗' 하는 편이 좋겠어요. 나도 막 왔을 때는 적응을 못 했지만, 중국에서 반년 동안 살고 나니 일찍 자고 일찍 일어나는 것도 좋다고 생각해요.

제이슨	'入乡随俗'? '入乡随俗'가 무슨 뜻이에요?
한나	중국어의 성어예요. 어디에 가든 그곳의 풍속과 습관을 따라야 한다는 뜻이에요.
제이슨	아, '入乡随俗' 이 단어는 유용할 것 같으니 기억해 둬야겠어요.

(1) 제이슨은 한나에게 무슨 질문을 했나요?

明天开运动会，老师通知大家，早上7点在操场集合。他问汉娜为什么要这么早集合。
내일 운동회에, 선생님이 모두에게 아침 일곱 시에 운동장에 모이라고 통지했습니다. 그는 한나에게 왜 이렇게 일찍 모이는지 물어보았습니다.

(2) 제이슨은 왜 여덟 시에 수업을 하는 게 너무 이르다고 생각하나요?

因为他早上特别不想起床。 왜냐하면 그는 아침에 일어나는 것을 정말 싫어하기 때문입니다.

(3) 중국인의 습관은 무엇인가요?

中国人都有早睡早起的习惯。 중국 사람은 모두 일찍 자고 일찍 일어나는 습관이 있습니다.

(4) 한나는 제이슨에게 무슨 제안을 했나요?

她建议杰森晚上早点儿睡。 그녀는 제이슨에게 밤에 좀 일찍 잘 것을 제안했습니다.

(5) 한나는 이미 '入乡随俗' 하고 있나요?

她已经"入乡随俗"了。 그녀는 이미 '入乡随俗' 하고 있습니다.

2

한나	왜 이제야 오는 거예요? 이미 일곱 시 15분이잖아요.
제이슨	괜찮아요. 조금 늦었을 뿐인걸요.
한나	어제 당신에게 말하지 않았나요? 좀 일찍 자라고요.
제이슨	어젯밤에 룸메이트와 영화를 보다가 두 시가 다 돼서야 잤어요.
한나	두 시가 다 돼서야 잤다고요? 너무 늦게 잤네요. 무슨 영화이길래 그렇게 사람을 빠져들게 했나요?
제이슨	중국 영화인데 정말 괜찮았어요.
한나	중국 영화라고요? 알아들을 수 있어요?
제이슨	들으면서 자막을 보니까 대부분 이해할 수 있었어요.
한나	중국어가 정말 빨리 늘었군요. 참, 다음번에 좋은 영화가 있으면 나도 불러서 같이 봐요.
제이슨	좋아요. 하지만 한나 당신이 밤을 새우지 못할까 봐 걱정이네요.
한나	가끔 한두 번은 문제없어요.

(1) 제이슨은 왜 늦게 왔나요?
    因为他昨晚和同屋看电影，快两点才睡。
    그는 어젯밤에 룸메이트와 영화를 보느라 두 시가 다 돼서야 잤기 때문입니다.

(2) 제이슨은 어떻게 중국 영화를 봤나요?
    他看中国电影是一边听一边看字幕的。
    그는 중국 영화를 볼 때 들으면서 자막을 봤습니다.

(3) 한나 역시 무엇을 하고 싶어 하나요?
    如果有好电影，她也想跟杰森一起看。
    만약 좋은 영화가 있으면 그녀도 제이슨과 함께 보고 싶어 합니다.

(4) 한나는 밤을 새울 수 있나요?
    她觉得偶尔一两次，没问题。 그녀는 가끔 한두 번 정도는 문제없다고 생각합니다.

 필수 표현

1.

(1) 너무 일러요.

(2) 너무 비싸요.

(3) 왜 이제야 오는 거예요? 이미 일곱 시 15분이잖아요.

(4) 어제 당신에게 말하지 않았나요? 좀 일찍 자라고요.

2.

(1) 나는 당신에게 밤에 좀 일찍 잘 것을 제안할게요.

(2) 내가 보기에 당신은 이곳의 풍속과 습관을 따르는 편이 좋겠어요.

(3) 내가 보기에 당신이 먼저 전화를 걸어서 물어보는 게 낫겠어요.

3.

(1) '入乡随俗'는 중국어의 성어예요.

(2) '入乡随俗'는 어디에 가든 그곳의 풍속과 습관을 따라야 한다는 뜻이에요.

4.

(1) 나는 일찍 자고 일찍 일어나는 것도 좋다고 생각해요.

(2) 그 영화는 정말 괜찮았어요.

(3) 당신의 이 옷은 정말 예뻐요.

말하기 연습

1.

(1) 나는 가 봐야겠어요. | 우리 나가서 좀 걸어요.

(2) 전시회를 보다 | 이 전시회는 무척 훌륭해요.

(3) 표 한 장 | 이것은 기차표가 아니라 비행기 표예요.

(4) 선물을 사다 | 이것은 당신께 드리는 선물이에요.

단어

行 xíng 명 여행, 노정, 길 ■ 始 shǐ 동 시작하다 ■ 于 yú 개 ~에서, ~에 ■ 足 zú 명 발, 다리 ■ 该 gāi 조동 ~해야 한다 ■ 送 sòng 동 주다, 보내다

2.

(1) 좀 일찍 자다 | 물을 좀 더 마시다 | 내일 당신은 좀 일찍 오세요.

(2) 기억하지 못하다, 기억할 수 없다 | 기억할 수 있다 | 몇 가지를 기억할 수 있다 | 새 단어를 암기하다 | 선생님의 이름을 기억해 두다

(3) 벌써 열두 시예요, 자야겠어요. | 그는 이미 서른 살인데 아직 직업이 없어요.

(4) 나에게 알려 주다 | 그 사람에게 당신한테 알려 주라고 할게요. | 당신에게 좋은 소식을 알려 주다

(5) 매우 유용하다 | 대단히 사람을 빠져들게 하다 | 그는 밤새우는 걸 정말 좋아해요.

(6) 보지 마세요. | 말하지 마세요. | 앞으로 밤을 새우지 마세요.

(7) 당신이 잊어버릴까 봐 걱정이다 | 당신이 기억하지 못할까 봐 걱정이다 | 당신이 싫어할까 봐 걱정이다 | 당신이 그곳을 모를까 봐 걱정이다

단어

消息 xiāoxi 명 소식

3.

(1) 룸메이트가 나에게 밤에 좀 일찍 잘 것을 제안했어요.

> ★ 엄마 / 중국어를 배우러 중국에 가다   ★ 선생님 / 중국 친구와 이야기를 많이 나누다
> ★ 친구 / 이 책을 충분히 보다   ★ 같은 반 친구 / 좀 일찍 병원에 가다

(2) A 내가 보기에 당신은 이곳의 풍속과 습관을 따르는 게 좋겠어요.
    B 알았어요. 당신 말을 들을게요.

> ★ 가지 않다   ★ 우리와 여행을 가다
> ★ 시험 준비를 잘하다   ★ 그림을 그리지 말고 서예를 배우다

(3) A 왜 이제야 온 거예요? 파티가 벌써 시작됐어요.
    B 늦게 와서 미안해요.

> ★ 일어나다 / 다른 사람 / 갔다   ★ 도착하다 / 모두 / 당신을 기다리고 있다
> ★ 오다 / 시험 / 곧 끝나려고 한다   ★ 나오다 / 차 / 곧 출발하려 한다

(4) 어제 당신에게 말하지 않았나요? 밤에 좀 일찍 자라고요.

> ★ 매일 밤을 새워서는 안 된다   ★ 여권 챙기는 걸 잊지 마라
> ★ 자동차를 타지 말고 지하철을 타라   ★ 어떻게 가는지 먼저 길을 물어보다

(5) A 참, 다음번에 좋은 영화가 있으면 나를 잊지 말아요.
    B 좋아요. 꼭 당신을 불러서 같이 갈게요.

> ★ 당신들이 나가서 놀다 / 가다   ★ 당신들이 떠날 때 / 가다
> ★ 당신들이 집을 빌리다 / 빌리다   ★ 당신이 전시회를 보러 가다 / 보러 가다

(6) A 내일 우리는 시험을 치니까 내가 일찍 일어나게 하는 것을 잊지 마세요.
    B 네, 문제없어요.

> ★ 전시회를 보러 가다 / 표를 챙기다   ★ 리쉐의 집에 가다 / 그녀에게 줄 선물을 챙기다
> ★ 중국어 대회가 있다 / 좀 일찍 가다   ★ 은행에 가다 / 환전을 좀 하다

(7) A 나도 드라마를 보고 싶어요.
    B 좋아요. 하지만 당신이 밤을 새우지 못할까 봐 걱정이에요.

> ★ 여행을 가다 / 시간이 없다   ★ 서예 전시회를 보다 / 흥미가 없다
> ★ 중국 영화를 보다 / 이해하지 못하다   ★ 중국 음식을 먹다 / 익숙하지 않다

단어

画 huà 동 (그림을) 그리다 ▪ 画儿 huàr 명 그림 ▪ 书法 shūfǎ 명 서예 ▪ 开 kāi 동 (자동차 등을) 운전하다, 몰다 ▪ 天天 tiāntiān 명 매일 ▪ 忘 wàng 동 잊다 ▪ 带 dài 동 지니다, 휴대하다 ▪ 护照 hùzhào 명 여권 ▪ 汽车 qìchē 명 자동차 ▪ 换钱 huànqián 동 환전하다, 돈을 바꾸다 ▪ 电视剧 diànshìjù 명 드라마 ▪ 中餐 zhōngcān 명 중국 요리

4.

(1)
A 我想问一个问题，可以吗？
B 当然可以，什么问题，你说吧。
A 为什么咱们每天8点就上课？太早了。
B 不早吧，中国人都习惯早睡早起。

A 내가 질문 하나 해도 될까요?
B 물론이죠. 무슨 질문인지 말해 보세요.
A 왜 우리는 매일 아침 여덟 시에 수업을 시작하는 건가요? 너무 일러요.
B 이르지 않아요. 중국 사람들은 모두 일찍 자고 일찍 일어나는 게 습관이거든요.

(2)
A 汉娜，每天早上我都不想起床，怎么办呀？
B 我建议你晚上早点儿睡，早睡就能早起。
A 咱们为什么不能晚一点儿上课呢？
B 我刚开始也不习惯。在中国生活了半年，觉得早睡早起也不错。

A 한나, 매일 아침마다 정말 일어나기 싫은데 어떻게 하죠?
B 당신에게 저녁에 좀 일찍 잘 것을 제안할게요. 일찍 자면 일찍 일어날 수 있어요.
A 우리는 왜 수업을 좀 늦게 시작하면 안 되는 건가요?
B 나도 처음에는 적응을 못 했어요. 중국에서 반년 동안 살고 나니까 일찍 자고 일찍 일어나는 것도 좋다고 생각해요.

(3)
A 我不想去吃饭，我对中餐特别不习惯。
B 我看你呀，还是入乡随俗吧
A "入乡随俗"是什么意思？
B 入乡随俗是汉语的一个成语，意思是，到什么地方，就要遵守那儿的风俗习惯。

A 나는 밥 먹으러 가기 싫어요. 중국 음식에 정말 적응을 못 하겠어요.
B 내가 보기에는 당신이 '入乡随俗' 하는 편이 좋겠어요.
A '入乡随俗'가 무슨 뜻이에요?
B '入乡随俗'는 중국어의 성어인데, 어디에 가든 그곳의 풍속과 습관을 따라야 한다는 뜻이에요.

(4)
A 我不是告诉你了吗？9点到，别晚了，你还是晚了。
B 我9点到了，刚才去买票了。
A 哦，对不起。

A 내가 말하지 않았나요? 아홉 시에 오라고, 늦지 말라고요. 그런데도 당신은 늦었네요.
B 나는 아홉 시에 도착해서 방금 표를 사러 갔었어요.
A 아, 미안해요.

B 没关系，我听说这个展览挺好的。 A 我也听说这个展览挺不错的。	B 괜찮아요. 나는 이 전시회가 대단히 훌륭하다고 들었어요. A 나도 이 전시회가 정말 괜찮다고 들었어요.

(5)
A 看什么书呢，这么吸引你？ B 是一本汉语书。 A 汉语书？能看懂吗？ B 一边查词典，一边看，差不多都看懂。 A 你的汉语进步得真快。	A 무슨 책을 보길래 이렇게 빠져들었어요? B 중국어 책이에요. A 중국어 책이라고요? 이해할 수 있어요? B 사전을 찾으면서 보니까 대부분 이해할 수 있어요. A 당신은 중국어가 정말 빨리 늘었군요.

(6)
A 明天星期六，8点不上课，能好好儿睡一觉了。 B 太好了，我可以晚点儿起床。 A 对了，你明天去银行，别忘了叫我一起去。 B 好啊，不过，就怕你不能起床。 A 你别上午去了，下午去换钱怎么样？ B 下午去也行。	A 내일은 토요일이라 여덟 시에 수업을 안 하니까 잠을 푹 잘 수 있겠어요. B 잘됐어요. 좀 늦게 일어날 수 있어서요. A 참, 당신 내일 은행에 갈 때, 나에게 같이 가자고 하는 걸 잊지 말아요. B 좋아요. 그런데 당신이 못 일어날까 봐 걱정이에요. A 오전에 가지 말고 오후에 가서 환전하는 건 어때요? B 오후에 가도 돼요.

단어

还是 háishi 여전히 · 词典 cídiǎn 사전

1.

杰森天天上课迟到。我认为经常迟到是因为他有晚睡晚起的习惯，这样的习惯对身体不好，也会影响到学习成绩。我想建议他养成早睡早起的好习惯。

제이슨은 매일 지각을 합니다. 자주 지각하는 것은 그가 매일 늦게 자고 늦게 일어나는 습관이 있기 때문이라고 생각합니다. 이런 습관은 건강에도 좋지 않고 학업 성적에도 영향을 미칠 수 있습니다. 나는 제이슨에게 일찍 자고 일찍 일어나는 습관을 기르라고 제안하고 싶습니다.

단어

迟到 chídào 지각하다 · 影响 yǐngxiǎng 영향을 미치다 · 成绩 chéngjì 성적 · 养成 yǎngchéng 기르다, 길러지다

03

말하기 훈련

1

토모미	날씨가 점점 따뜻해지네요.
한나	네, 곧 봄이 오려나 봐요.
토모미	아, 내일은 주말이라 수업이 없으니까 우리 놀러 나가는 게 어때요?
한나	막 개강해서 공부할 게 아주 많아요. 나가지 말고 집에서 복습이나 해요.
토모미	우리는 매일 아주 열심히 하니까 주말에는 좀 쉬어야 해요.
한나	좋아요. 우리 어디로 갈까요?
토모미	만약에 날씨가 좋으면 등산 가요. 날씨가 좋지 않으면 전시회를 보러 가고요.
한나	방금 텔레비전을 봤는데, 일기예보에서 내일은 날씨가 맑고 최고 기온이 15도래요.
토모미	정말 잘됐네요. 춥지도 않고 덥지도 않으니 등산하기 딱 좋겠어요.
한나	아, 우리 다른 친구들한테도 물어봐요. 누가 가고 싶어 하는지 알아보고 다 같이 가요.
토모미	좋은 생각이에요.

(1) 요즘은 날씨가 어떤가요?
　　春天快到了，天气越来越暖和了。 곧 봄이라서 날씨가 점점 따뜻해지고 있습니다.

(2) 토모미는 주말에 무엇을 하고 싶어 하나요?
　　她想跟汉娜一起出去玩儿。 그녀는 한나와 함께 놀러 나가고 싶어 합니다.

(3) 한나는 왜 가고 싶어 하지 않았나요?
　　因为刚开学了，学习有点儿紧张，她想在家复习。
　　막 개강을 해서 공부할 게 좀 많기 때문에, 그녀는 집에서 복습하고 싶어 합니다.

(4) 한나는 왜 다시 놀러 나가려고 하나요?
　　友美说她们每天都很努力学习，周末应该休息休息了。
　　토모미가 자신들은 매일 열심히 공부하니까 주말에는 좀 쉬어야 한다고 말했습니다.

(5) 주말에는 날씨가 어떤가요? 무엇을 하면 좋은가요?
　　周末天气很好，是晴天，不冷也不热。她们觉得去爬山正合适。
　　주말에는 날씨가 좋습니다. 맑은 데다가 춥지도 않고 덥지도 않아서 그녀들은 등산 가기에 딱 좋다고 생각합니다.

❷

> 토모미　어떻게 모두에게 연락을 할까요? 전화를 걸까요?
>
> 한나　아, 우리 공고를 하나 써서 기숙사 건물 입구에 붙여 놓는 건 어때요?
>
> 토모미　좋아요. 거기에 붙이면 모두 다 볼 수 있겠네요. 그런데 어떻게 쓰죠?
>
> 한나　'주말에 날씨가 좋아서 우리는 등산을 가려고 합니다. 그곳은 경치가 아름답고 공기도 좋습니다. 참가를 원하시는 분은 우리에게 연락 주세요.' 이렇게 쓰면 되죠.
>
> 토모미　먹을거리를 좀 사 가지고 가면 거기에서 야외 식사를 즐길 수도 있을 거예요.
>
> 한나　좋아요. 분명히 많은 친구들이 가고 싶어 할 거예요.
>
> 토모미　참, 그리고 학교 교문에서 일곱 시에 모이라고도 써야 해요. 우리는 좀 일찍 가야 하고요.
>
> 한나　다 썼어요. 보세요, 괜찮아요?
>
> 토모미　글씨가 점점 더 예뻐지네요. 내가 한번 읽어 볼게요. '알림. 안녕하세요? 주말에 우리는 교외에 가서 등산을 하고 피크닉을 즐길 계획입니다. 그곳은 산과 강이 있는 데다 공기가 신선하고 경치도 아름답습니다. 참가를 원하는 친구는 우리에게 연락 주세요. 주말 날씨: 맑음, 최고 기온 15도 정도. 집합 시간: 토요일 오전 일곱 시. 집합 장소: 학생 아파트 입구.' 정말 훌륭해요!
>
> 한나　연락받는 사람과 전화번호 적는 걸 잊었네요.
>
> 토모미　괜찮아요. 뒷부분에 추가하면 돼요.

(1) 그녀들은 모두에게 어떻게 연락할 생각인가요?

　　她们写个通知，让大家都能看到。

　　그녀들은 공고를 써서 모두가 볼 수 있도록 할 것입니다.

(2) 그녀들은 공고를 어디에 붙이고 싶어 하나요?

　　她们想把通知贴在宿舍楼门口。

　　그녀들은 공고를 기숙사 건물 입구에 붙이고 싶어 합니다.

(3) 공고의 주요 내용은 무엇인가요?

　　通知的主要内容是周末天气不错，她们打算去爬山，那里风景漂亮，空气好，如果谁愿意参加，请和她们联系。

　　공고의 주요 내용은 주말에 날씨가 좋아서 그녀들은 등산을 갈 계획인데, 그곳은 경치가 아름답고 공기도 좋으니 참가를 원하는 사람은 그녀들에게 연락을 달라는 것입니다.

(4) 한나는 무엇을 쓰는 걸 잊었나요?

　　她忘了写联系人和电话。

　　그녀는 연락받는 사람과 전화번호 적는 걸 잊었습니다.

단어

主要 zhǔyào 형 주요한, 주된 ▪ **内容** nèiróng 명 내용

필수 표현

1.

(1) 내일 주말인데 우리 놀러 가는 게 어때요?

(2) 우리 어떻게 모두에게 연락을 할까요?

(3) 우리 공고를 하나 써서 건물 입구에 붙여 놓는 건 어때요?

(4) 공고를 다 썼어요. 보세요, 괜찮아요?

2.

(1) 좋은 생각이에요.

(2) 당신 글씨는 점점 더 예뻐지네요.

(3) 정말 훌륭해요!

3.

(1) 일기예보에서 내일은 날씨가 맑고 최고 기온이 15도라고 했어요.

(2) 그곳은 산과 강이 있는 데다 공기가 신선하고 경치도 아름다워요.

(3) 집합 시간: 토요일 오전 일곱 시.

(4) 집합 장소: 학생 아파트 입구.

4.

(1) 좋아요. 우리 어디로 갈까요?

(2) 그래요. 날씨가 좋지 않으면 전시회를 보러 가요.

(3) 좋아요. 거기에 붙이면 모두 다 볼 수 있겠네요.

(4) 좋아요. 분명히 많은 친구들이 가고 싶어 할 거예요.

말하기 연습

1.

(1) 뭐가 필요해요? | 그들은 도움이 필요해요.

(2) 남동생은 뚱뚱해요. | 그는 뚱뚱하지 않아요.

(3) 여동생은 너무 말랐어요. | 그는 요즘 살이 빠졌어요.

(4) 옷이 너무 헐렁해요. | 좀 헐렁한 게 있나요?

단어

志 zhì 명 뜻, 의지, 목표 ■ 者 zhě 접미 자, 것[형용사나 동사 뒤에 쓰여 그런 성질을 가지고 있거나 동작을 하는 사람이나 사물을 뜻함] ■ 竟 jìng 부 결국, 마침내

2.

(1) 사람이 점점 많아져요. | 그의 중국어는 더욱더 좋아지고 있어요.

(2) 만약 도움이 필요하면 내가 당신을 도와줄게요. | 만일 비가 오면 나는 안 갈 거예요.

(3) 크지도 않고 작지도 않다 | 뚱뚱하지도 않고 마르지도 않다 | 이 옷은 길지도 않고 짧지도 않은 게 아주 꼭 맞아요.

(4) 어, 스즈키 아닌가요? | 아, 당신의 우산은 아직 교실에 있겠죠?

(5) 바라지 않다 | 원하다 | 그가 원한다면 함께 와도 돼요.

(6) 약간, 일부, 몇몇 | 이것들, 이러한 | 그것들, 그러한 | 어떤, 약간, 조금 | 어떤 사람들은 이런 책들을 좋아하지 않아요.

3.

(1) A 우리 놀러 나가요, 어때요?

　　B 좋아요.

> ★ 우리 주말에 등산 가요　★ 우리 교외로 피크닉 가요　★ 우리 공고를 써서 모두에게 알려요
> ★ 당신들은 저녁에 좀 일찍 자요　★ 당신은 앞으로 밤을 새우지 마세요

(2) 날씨가 점점 더 따뜻해지고 있어요.

> ★ 물건 / 비싸다　★ 그의 서예 실력 / 훌륭하다　★ 바람 / 세다
> ★ 그들의 기숙사 / 깨끗하다　★ 외국으로 여행 가는 사람 / 많다

(3) 만약 날씨가 좋으면 우리 등산을 가고, 만약 날씨가 좋지 않으면 우리 전시회를 보러 가요.

> ★ 포도가 맛있다 / 포도를 사다 / 배가 맛있다 / 배를 사다
> ★ 비가 오다 / 가지 않다 / 비가 안 오다 / 가다
> ★ 사람이 많다 / 지하철을 타다 / 사람이 적다 / 차를 타다
> ★ 표를 사다 / 영화를 보다 / 표를 못 사다 / 상점에 쇼핑을 가다

(4) A 내일은 날씨가 어때요?
　　B 춥지도 않고 덥지도 않고 등산하기 딱 적당해요.

> ★ 이 옷은 어때요 / 크다 / 작다 / 내가 입다　★ 내가 늦게 왔죠 / 이르다 / 늦다 / 당신이 온 것은
> ★ 보세요, 돈이 맞나요 / 많다 / 적다 / 이 돈
> ★ 내가 너무 뚱뚱하죠 / 뚱뚱하다 / 마르다 / 당신은 지금
> ★ 이 옷은 너무 헐렁하죠 / 헐렁하다 / 끼다 / 그가 입다

(5) 누구든지 참가하기를 원하면 우리에게 연락 주세요.

> ★ 등산을 가다 / 마틴에게 알려 주세요　★ HSK 시험에 참가하다 / 리 선생님에게 연락 주세요
> ★ 서예를 배우다 / 내가 가르칠 수 있어요　★ 시안으로 여행 가다 / 내게 연락 주세요

(6) 우리 다른 친구들에게도 물어봐서 누가 가고 싶어 하는지 알아보고 모두 함께 가기로 해요.

> ★ 사야 하다 / 모두 함께 사다　★ 자오즈 빚는 걸 배우고 싶어 하다 / 모두 같이 배우다
> ★ 일찍 일어나다 / 그 사람에게 우리를 깨우라고 하다
> ★ 노래를 잘하다 / 그 사람에게 우리를 가르치라고 하다

(7) A 내가 연락받는 사람 적는 걸 잊었네요.
　　B 괜찮아요. 뒷부분에 추가하면 돼요.

> ★ 이름　★ 내가 어디에 사는지　★ 전화번호　★ 휴대전화 번호　★ 시간

단어

漂亮 piàoliang 형 훌륭하다, 뛰어나다 ▪ 干净 gānjìng 형 깨끗하다 ▪ 葡萄 pútao 명 포도 ▪ 梨 lí 명 배 ▪ 教 jiāo 동 가르치다 ▪ 饺子 jiǎozi 명 자오즈[소가 든 반달 모양의 만두]

(1)
| A 天气越来越冷了。 | A 날씨가 점점 추워지고 있어요. |
| B 是啊, 冬天快要到了。 | B 그래요. 곧 겨울이 오려나 봐요. |

A 周末我得去商店买两件衣服。 B 我也想买呢，咱们一起去吧。	A 주말에 나는 상점에 가서 옷을 두 벌 사야겠어요. B 나도 사고 싶으니까 우리 같이 가요.

(2)

A 星期天我想去爬山，你去吗? B 我觉得有点儿累。 A 你怎么了，是不是病了? B 可能是最近学习太紧张了，也许休息休息就好了。	A 일요일에 나는 등산을 가고 싶은데, 당신도 갈래요? B 나는 좀 피곤해요. A 왜 그래요, 아파요? B 아마 최근에 공부하는 게 너무 바빠서 그럴 거예요. 아마 좀 쉬고 나면 괜찮아질 거예요.

(3)

A 放假咱们去郊外野餐吧。 B 好啊，我听说郊外有山有水，风景不错，去玩儿的人挺多的。 A 咱们再问问别的同学吧，看谁想去，大家一起去。 B 好主意。	A 쉬는 날에 우리 교외로 피크닉 가요. B 좋아요. 내가 듣기로는 교외에 산과 강이 있고 경치가 좋아서 놀러 가는 사람이 아주 많다고 해요. A 우리 다른 친구들한테도 물어봐요. 누가 가고 싶어 하는지 알아보고 모두 함께 가기로 해요. B 좋은 생각이에요.

(4)

A 天气预报说，明天阴天，可能有小雨。 B 如果天气不好，我们还是别去爬山了。 A 要是下雨的话，咱们就去看展览，怎么样? B 行。	A 일기예보에서 내일은 흐리고 비가 조금 온대요. B 만약 날씨가 좋지 않으면 우리는 등산을 가지 않는 편이 좋겠어요. A 만일 비가 오면 우리 전시회를 보러 가는 건 어때요? B 좋아요.

(5)

A 我怎么联系您呢? B 这是我的名片，上面有电话号码。 A 哦，还有手机号码。电子邮件呢? B 当然有啊。名片的最后一行就是我的电子邮件地址。	A 제가 어떻게 당신께 연락을 드릴까요? B 이것은 제 명함인데, 위에 전화번호가 있어요. A 아, 휴대전화 번호도 있네요. 이메일은요? B 물론 있죠. 명함의 가장 마지막 줄이 제 이메일 주소예요.

(6)

A 你看到通知了吗? 明天不开运动会了，下周五开。	A 당신 공고 봤어요? 내일 운동회를 하지 않고, 다음 주 금요일에 한대요.

B 通知？哪儿有通知啊？	B 공고요? 공고가 어디에 있는데요?
A 就贴在宿舍楼门口，你没看见吗？	A 기숙사 건물 입구에 붙어 있는데 못 봤어요?
B 那我得下楼好好儿看一看。	B 그럼 내려가서 잘 봐야겠네요.

(7)

A 友美，明天天气特别好，气温15度左右。	A 토모미, 내일은 날씨가 정말 좋고 기온이 15도 정도래요.
B 不冷也不热，郊游正合适。	B 춥지도 않고 덥지도 않아서 교외로 나들이 가기 딱 좋겠어요.
A 别忘了，7点集合。	A 일곱 시에 모이는 걸 잊지 말아요.
B 见面的地点是学校门口吗？	B 만나는 장소가 학교 정문인가요?
A 对，是学校门口。	A 맞아요. 학교 정문이에요.

단어

件 jiàn 양 장, 벌[옷이나 문건을 세는 단위] · 也许 yěxǔ 분 아마도, 어쩌면 · 放假 fàngjià 통 방학하다. (학교나 직장이) 쉬다 · 阴天 yīntiān 명 흐린 날씨 · 名片 míngpiàn 명 명함 · 上面 shàngmian 명 위쪽 · 行 háng 명 행, 줄, 열 · 郊游 jiāoyóu 통 교외로 나들이 가다

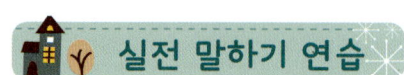
실전 말하기 연습

1.

알림

날씨가 점점 따뜻해지고 있습니다. 봄은 등산하기에 딱 좋은 시기라서 우리는 주말에 교외로 나갈 계획입니다. 그곳은 산과 강이 있고 경치가 아름다우며 공기도 신선합니다. 우리는 등산을 할 수도 있고, 피크닉을 즐길 수도 있습니다. 참가를 원하는 친구가 있으면 우리에게 연락을 주세요.

주말 날씨: 맑음, 기온 15도 정도.
집합 시간: 토요일 오전 일곱 시.
집합 장소: 학생 아파트 입구.
연락자: 마틴
휴대전화: 15521789999
E-MAIL: mading@163.com

通知的主要内容是最近天气不错，是爬山的好时候，所以他们打算去郊外爬山、野餐。那里风景漂亮优美，空气新鲜。如果谁愿意参加，请和他们联系。
　　通知还包括以下几个方面：一，周末天气；二，集合时间；三，集合地点；四，联系人的名字、手机号码和电子邮件地址。

　공고의 주요 내용은 요즘 날씨가 좋아서 등산하기 좋은 시기이므로 교외로 가서 등산과 피크닉을 할 계획이라는 것입니다. 그곳은 경치가 아름답고 공기도 좋습니다. 참가를 원하는 사람은 그들에게 연락을 하라고 합니다.
　공고는 다음과 같은 내용들을 포함하고 있습니다. 첫째는 주말의 날씨, 둘째는 집합 시간, 셋째는 집합 장소, 넷째는 연락받는 사람의 이름, 휴대전화 번호, 이메일 주소입니다.

단어

包括 bāokuò 통 포함하다, 포괄하다　　**以下** yǐxià 명 이하, 아래(의 내용), 다음(의 말, 문장)　　**方面** fāngmiàn 명 방면, 측면　　**地址** dìzhǐ 명 주소, 소재지

04

말하기 훈련

①

제니	토모미, 도와줄까요?
토모미	아, 제니, 괜찮아요.
제니	왜 이렇게 물건을 많이 샀어요?
토모미	오후에 친구 몇 명을 내 방에 초대하고 싶어서 과일이랑 술 같은 걸 좀 샀어요.
제니	꽃이랑 간식도 있네요. 이렇게 많은데 어떻게 들고 올라가요?
토모미	괜찮아요. 곧 엘리베이터가 올 거예요.
제니	엘리베이터 고장 났어요. 관리인 말로는 오후나 돼야 수리가 끝난대요.
토모미	네? 그럼 룸메이트에게 내려오라고 해서 들어 달라고 해야겠네요.
제니	부르지 마세요. 내가 들어 줄게요. 5층에 살죠?
토모미	맞아요, 5층이에요. 정말 고마워요. 오후에 시간 있어요? 별일 없으면 와서 같이 이야기나 좀 나눠요.
제니	안 갈래요. 오후에 중국 친구가 오기로 했거든요.

토모미	그럼 중국 친구와 같이 와요. 우리도 친구들을 더 많이 알고 지내고 싶으니까요.
제니	좋아요.

(1) 토모미는 왜 물건을 많이 샀나요?
   因为她下午想请几个朋友到她那儿。 그녀는 오후에 친구 몇 명을 자기 방에 초대하고 싶어 하기 때문입니다.

(2) 토모미는 무엇을 샀나요?
   她买了水果、酒、花和零食什么的。 그녀는 과일, 술, 꽃과 간식 등을 샀습니다.

(3) 그녀들은 왜 엘리베이터를 타지 않나요?
   因为电梯坏了。 엘리베이터가 고장 났기 때문입니다.

(4) 오후에 제니는 친구와 무엇을 하려고 하나요?
   她到友美家一起聊聊天儿。 그녀는 토모미의 방에 가서 함께 이야기를 나눌 것입니다.

2

토모미	도착했어요.
제니	물건을 들고 들어가 줄게요.
토모미	네, 고마워요. 고생 많았어요.
제니	아니에요. 오랜만에 왔네요. 여기는 점점 더 집 같아져요.
토모미	나도 여기서 사는 게 점점 더 편안하게 느껴져요.
제니	아직도 그렇게 집이 그리워요?
토모미	많이 좋아졌어요. 막 왔을 때는 아무도 모르고 친구가 한 명도 없어서 집이 많이 그리웠지만요.
제니	나도 막 왔을 때는 그랬는데 지금은 아무 문제도 없어요.
토모미	그렇지만 나는 아직도 그렇게 일찍 일어나서 수업을 듣는 건 적응이 안 돼요.
제니	지금도 여전히 자주 지각해요?
토모미	저녁에 너무 늦게 자면 가끔 지각하기도 해요.
제니	사실 나는 일찍 자고 일찍 일어나는 게 아주 좋다는 걸 알게 됐어요. 좋은 점이 정말 많아요.
토모미	그런가요? 말해 봐요, 좀 들어 보게요.
제니	첫째는 일찍 일어나면 아침 식사를 할 시간이 있어서 건강에 좋아요. 둘째는 지각 걱정을 할 필요가 없어요. 셋째는 일찍 교실에 가니까 미리 책을 좀 볼 수도 있어요.

(1) 토모미의 방은 어떤가요?
    她的房间越来越像家了，她觉得越来越舒服。
    그녀의 방은 점점 더 집 같아져서 그녀는 점점 더 편안하게 느낍니다.

(2) 토모미와 제니는 막 왔을 때 어땠나요?
    她们刚来的时候，谁都不认识，一个朋友也没有，特别想家。
    그녀들이 막 왔을 때는 아무도 모르고 친구도 한 명도 없어서 집을 매우 그리워했습니다.

(3) 토모미는 지금도 여전히 지각하나요?
    她晚上睡得太晚的话，偶尔还会迟到。
    그녀는 저녁에 너무 늦게 자면 가끔 지각하기도 합니다.

(4) 일찍 자고 일찍 일어나는 것은 무슨 장점이 있나요?
    珍妮说第一，早起床，就有时间吃早饭，对身体好；第二，不用担心迟到；第三，早点儿去教室，可以先看看书。
    제니는 첫째로 일찍 일어나면 아침 식사를 할 시간이 있어서 건강에 좋고, 둘째로 지각 걱정을 할 필요가 없고, 셋째로 일찍 교실에 가니까 미리 책을 좀 볼 수 있다고 말했습니다.

필수 표현

1.

(1) 오후에 시간 있어요? 별일 없으면 와서 같이 이야기나 좀 나눠요.

(2) 시간 있나요? 시간이 있으면 함께 영화를 보러 가는 건 어때요?

(3) 그럼 그 사람과 같이 와요. 우리도 친구들을 더 많이 알고 지내고 싶어요.

2.

(1) 안 갈래요. 오후에 중국 친구가 오기로 했거든요.

3.

(1) 오후에 친구 몇 명을 내 방에 초대하고 싶어서 과일이랑 술 같은 걸 좀 샀어요.

(2) 첫째는 일찍 일어나면 아침 식사를 할 시간이 있어서 건강에 좋아요. 둘째는 지각 걱정을 할 필요가 없어요. 셋째는 일찍 교실에 가니까 미리 책을 좀 볼 수 있어요.

말하기 연습

1.

(1) 이렇게 하면 나쁜 점이 있나요? | 장점만 있고 단점은 없어요.

(2) 영화 DVD | CD 한 장

(3) 내 말은 아주 중요해요. | 많은 이야기를 하다

(4) 말 한 마디 | 이 말은 중국어로 어떻게 말해요?

단어

亲 qīn 圐 친척, 인척 ▪ 不如 bùrú 图 ~만 못하다, ~하는 편이 낫다 ▪ 邻 lín 圐 이웃

2.

(1) 한턱내다 | 오늘은 내가 한턱낼게요. | 당신이 말씀해 보세요. | 그를 우리 집에 초대했어요.

(2) 걸어 올라가다 | 올려놓다, 올려 두다 | 자동차를 운전해서 가다 | 물건을 가지고 가다

(3) 종업원 | 운동선수

(4) 나는 오늘 시간이 없어요. | 시간이 있으면 놀러 오세요.

(5) 담아 넣다, 포장해 담다, 설치해 넣다 | 집어넣다, 들여 넣다 | 그는 공을 차 넣었어요.

(6) 수고하세요. | 고생했어요. 얼른 좀 쉬세요.

(7) 아무도 알지 못해요. | 아무도 지각하지 않았어요. | 누구나 참가를 원해요. | 누구나 그녀를 좋아해요. | 아무도 내 말을 이해하지 못해요.

(8) 한 글자도 쓸 줄 모르다 | 나는 조금도 이해하지 못했어요.

(9) 걱정하지 않다 | 무척 근심하다 | 걱정하지 마라 | 조금도 걱정하지 않다 | 시험에 떨어질까 봐 걱정하다

단어

放 fàng 图 놓아두다 ▪ 开车 kāichē 图 운전하다 ▪ 装 zhuāng 图 넣다, 담다, 설치하다 ▪ 及格 jígé 图 (시험 등에) 합격하다

3.

(1) 우리는 <u>과일과 술</u> 등 <u>물건을 많이 샀어요</u>.

> ★ 각종 과일을 좋아하다 / 사과와 바나나   ★ 선물을 많이 준비했다 / 책, CD, 술
> ★ 자주 나가다 / 상점을 둘러보거나 음악회에 가다
> ★ 주말에는 집에 있다 / 차를 마시거나 이야기를 나누다

(2) A 내일 시간 있나요? 별일 없으면 와서 같이 이야기나 좀 나눠요.
    B 안 갈래요. 나는 숙제를 아직 다 못 했어요.

> ★ 시간이 있다 / 함께 교외로 나가다 / 안 갈래요　★ 짬이 나다 / 같이 전시회를 보러 가다 / 안 돼요
> ★ 짬이 나다 / 우리를 데리고 놀러 가다 / 미안해요　★ 시간이 있다 / 나와 함께 CD를 사러 가다 / 안 돼요

(3) A 내가 물건을 들고 들어가 줄게요.
    B 좋아요. 고마워요.

> ★ 탁자 / 안으로 옮기다　★ 옷 / 넣어 놓다　★ 포도주 / 담아 넣다

(4) A 나는 막 왔을 때는 아무도 알지 못하고 친구가 한 명도 없었어요.
    B 나도 당신과 같았지만 지금은 많이 좋아졌어요.

> ★ 아무것 / 말할 줄 모르다 / 한 글자 / 쓸 줄 모르다　★ 아무것 / 모르다 / 한 마디 / 알아듣지 못하다
> ★ 아무것 / 배운 적이 없다 / 한 마디 / 말할 줄 모르다

(5) A 나는 조금의 문제도 없어요.
    B 그럼 됐어요.

> ★ 돈 / 가져오지 않다 / 나에게 있어요　★ 숙제 / 하지 않다 / 그럼 빨리 하세요
> ★ (아무)것 / 먹고 싶지 않다 / 그래도 조금 먹는 게 좋겠어요
> ★ 술 / 마시면 안 된다 / 그럼 마시지 마세요

(6) A 나는 당신이 자주 서점에 가는 걸 알았어요. 당신은 책 사는 걸 많이 좋아하는 것 같아요.
    B 사실 나는 별로 좋아하지 않아요. 내 친구가 좋아하는 거예요.

> ★ 상점에서 쇼핑하다 / 물건을 사다　★ 탁구 치다 / 운동하다
> ★ 상점에 가다 / 간식을 사다　★ DVD를 사다 / 영화를 보다

단어

苹果 píngguǒ 명 사과 · 香蕉 xiāngjiāo 명 바나나 · 音乐会 yīnyuèhuì 명 음악회 · 搬 bān 동 옮기다 · 葡萄酒 pútaojiǔ 명 포도주, 와인 · 打 dǎ 동 (구기운동을) 하다 · 乒乓球 pīngpāngqiú 명 탁구

4.

(1)
A 友美，买了这么多东西啊。
B 哦，我明天想请几个朋友来我这儿。

A 토모미, 물건을 이렇게나 많이 샀네요.
B 아, 내일 친구 몇 명을 내 방에 초대하고 싶어서요.

모범답안·해석 157

A 都是好吃的东西吧？ B 对，我买了一些水果、零食什么的。	A 모두 맛있는 것들인가 봐요? B 맞아요. 과일이랑 간식 같은 것들을 좀 샀어요.

(2)

A 铃木，要帮忙吗？ B 哦，不用了，东西不多。 A 可是电梯坏了，还是我帮你拿上去吧。 B 啊？又坏了。那就谢谢你了。 A 不客气。	A 스즈키, 도와줄까요? B 아, 괜찮아요. 물건이 많지 않아요. A 그렇지만 엘리베이터가 고장 났어요. 아무래도 내가 함께 들고 올라가는 게 좋겠어요. B 어, 또 고장 났군요. 그럼 부탁할게요. A 천만에요.

(3)

A 喂，马丁，你现在有空儿吗？ B 有，我现在没事。 A 我买了很多东西，你能帮我把东西拿上去吗？我在一层。 B 好的，我马上就下来。	A 여보세요? 마틴, 당신 지금 시간 있나요? B 네, 지금 별일 없어요. A 내가 물건을 많이 샀는데, 물건 들고 올라가는 걸 도와줄 수 있나요? 나는 1층에 있어요. B 알겠어요. 내가 지금 바로 내려갈게요.

(4)

A 我请了几个朋友来我家，没事的话，你也过来一起聊聊天儿吧。 B 我不过去了，明天还有考试呢。 A 那好吧，你好好儿准备吧。 B 好的。	A 친구 몇 명을 우리 집에 초대했는데, 별일 없으면 당신도 와서 같이 이야기나 좀 나눠요. B 나는 안 갈래요. 내일 시험이 있거든요. A 알겠어요. 준비 잘하세요. B 네.

(5)

A 你好久没来了，请进。 B 啊，你这儿真好，越来越像家了。 A 我也觉得跟家差不多，很舒服。 B 你刚来的时候，特别想家，现在怎么样？ A 好多了，偶尔还会想家，不过越来越不想家了。	A 오랜만에 왔네요. 들어오세요. B 아, 당신 방은 정말 좋아요. 점점 더 집 같아지네요. A 나도 집과 비슷해서 아주 편안해요. B 당신은 막 왔을 때 집을 많이 그리워했는데, 지금은 어때요? A 많이 좋아졌어요. 가끔 아직도 집이 그립긴 하지만 점점 집이 덜 그리워요.

(6)
A 你现在还常常想家吗?
B 好多了。刚来的时候，谁都不认识，没有朋友，所以特别想家。
A 我也一样，现在好了，一点儿问题也没有了。
B 我发现这里有很多好朋友，我越来越喜欢这里。

A 지금도 집이 자주 그리워요?
B 많이 좋아졌어요. 막 왔을 때는 아무도 알지 못하고 친구도 없어서 집이 무척이나 그리웠어요.
A 나도 그랬어요. 지금은 좋아져서 아무 문제도 없어요.
B 나는 이곳에 좋은 친구가 많다는 걸 알게 되어서 여기가 점점 더 좋아지고 있어요.

(7)
A 友美，你怎么这么早就睡觉?
B 老师说，要早点儿睡，早点儿起。
A 其实，早睡早起真的有不少好处。
B 都有什么好处呢?
A 第一，早起床，就有时间吃早饭，对身体好；第二，不用担心迟到。

A 토모미, 당신은 왜 이렇게 일찍 잠을 자나요?
B 선생님께서 일찍 자고 일찍 일어나라고 말씀하셨어요.
A 사실 일찍 자고 일찍 일어나는 것은 정말 좋은 점이 많아요.
B 어떤 좋은 점들이 있나요?
A 첫째는 일찍 일어나면 아침 식사를 할 시간이 있어서 건강에 좋아요. 둘째는 지각 걱정을 할 필요가 없어요.

실전 말하기 연습

1.

有个女生拿着东西走过去。她左手拿着一束花，右手拿着塑料袋。塑料袋里装着一些东西，有一些水果、零食、酒什么的。好像她打算请几个朋友过来玩儿，她脸上挂着笑容，看起来她的心情高兴一点儿。

어떤 여학생이 물건을 들고 걸어갑니다. 그녀는 왼손에는 꽃 한 다발을 들고 있고, 오른손에는 비닐봉지를 들고 있습니다. 비닐봉지 안에는 약간의 물건이 담겨 있습니다. 약간의 과일과 간식거리, 술 등입니다. 아마 그녀는 친구 몇 명을 놀러 오라고 초대한 것 같습니다. 얼굴에 미소가 걸려 있는 것으로 보아 그녀는 기분이 좀 좋아 보입니다.

단어
左手 zuǒshǒu 명 왼손 · 束 shù 양 다발, 묶음 · 右手 yòushǒu 명 오른손 · 塑料袋 sùliàodài 명 비닐봉지 · 脸 liǎn 명 얼굴 · 挂 guà 동 걸다 · 着 zhe 조 ~하고 있다, ~하는 중이다 · 笑容 xiàoróng 명 웃는 얼굴, 미소 · 看起来 kàn qǐlai 보아하니 · 心情 xīnqíng 명 기분, 정서

05

말하기 훈련

①

토모미	연수는 어때요?
스즈키	아주 좋아요. 날마다 배울 게 아주 많아요.
토모미	새로운 친구도 사귀었나요?
스즈키	물론이죠. 아 참, 내 휴대전화에 우리 사진이 있어요.
토모미	나도 좀 보여 줘요.
스즈키	자, 보세요. 가운데 이 사람은 왕원롱이라고 하는데 싱가포르에서 왔어요. 왼쪽의 이 사람은 칼이라고 하는데 독일에서 왔고요.
토모미	칼이라는 사람은 정말 잘생겼네요.
스즈키	맞아요. 게다가 아주 똑똑해요. 사람들이 그러는데, 그는 영국의 케임브리지 대학교를 졸업했대요.
토모미	어, 뒤에 있는 이 예쁜 여자는 누구예요?
스즈키	이 사람은…… 아, 이 사람은 오늘 막 와서 아직 이름은 모르는데 아마 한국에서 온 것 같아요.
토모미	기회가 되면 우리도 알고 지내게 꼭 소개해 주세요.
스즈키	네, 문제없어요.

(1) 스즈키의 연수는 어떤가요?

他说挺不错的，每天都有很多东西要学。

그는 아주 좋다고, 날마다 배울 게 아주 많다고 말했습니다.

(2) 스즈키의 새 친구인 왕원롱을 한번 소개해 보세요.

照片的中间这个人是王云龙，他是从新加坡来的。

사진의 중간에 있는 이 사람이 왕원롱인데 그는 싱가포르에서 왔습니다.

(3) 스즈키의 새 친구인 칼을 한번 소개해 보세요.

他是从德国来的，长得很帅，还特别聪明，听他们说他是从英国剑桥大学毕业的。

그는 독일에서 왔는데 잘생긴 데다가 아주 똑똑합니다. 사람들 말로, 그는 영국의 케임브리지 대학교를 졸업했다고 합니다.

2

스즈키	토모미, 주말에 시간 있어요?
토모미	이번 주말이요? 시간 있어요. 무슨 일이에요?
스즈키	친구 몇 명이랑 교외로 놀러 가 보고 싶은데 관심 있어요?
토모미	좋아요. 어떻게 갈 거예요?
스즈키	버스를 타거나 자전거를 타거나 다 괜찮아요.
토모미	자전거를 타고 가는 게 제일 좋겠어요. 그러면 아무 데서나 잠깐 멈춰서 구경하고 싶으면 할 수 있으니까 편하잖아요.
스즈키	좋아요. 당신 말대로 할게요. 참, 우리 연수반의 그 예쁜 여자 아직 기억하고 있어요?
토모미	오, 사진 속의 그 사람이라면 물론 기억하죠.
스즈키	그 사람도 우리랑 같이 갈 거예요.
토모미	정말이에요? 진짜 잘됐네요. 이제 그 사람 이름을 알았나요?
스즈키	그 사람은 김지혜이고 언론학을 공부했어요.
토모미	기자인가요?
스즈키	아니에요. 한국의 한 자동차 회사에서 파견되어 왔대요. 아마도 회사의 광고부나 홍보부에서 일하는 것 같아요.
토모미	우와, 주말에 놀러 가면 우리가 알고 지내게 꼭 소개해 줘요.
스즈키	물론이죠. 걱정 마세요.

(1) 주말에 스즈키와 친구들은 무엇을 하려고 하나요?

他们想去郊外看看。 그들은 교외로 놀러 가려고 합니다.

(2) 스즈키와 친구들은 어떻게 가려고 하나요?

他们想坐公共汽车或者骑车去。 그들은 버스를 타거나 자전거를 타고 가려고 합니다.

(3) 토모미는 어떻게 가는 게 가장 좋다고 생각하나요? 왜 그런가요?

友美觉得骑车去最好，因为这样方便，想在哪儿停一停、看一看都可以。

토모미는 자전거를 타고 가는 게 가장 좋다고 생각합니다. 아무 데서나 잠깐 멈춰서 구경하고 싶으면 할 수 있어서 편하기 때문입니다.

(4) 스즈키 반의 예쁜 여자를 한번 소개해 보세요.

她叫金智慧，是学新闻的。她是一家韩国汽车公司派来的，好像在公司广告部或者宣传部工作。

그녀는 김지혜이고 언론학을 공부했습니다. 그녀는 한국의 한 자동차 회사에서 파견되어 왔는데, 아마도 회사의 광고부나 홍보부에서 일하는 것 같습니다.

필수 표현

1.

(1) 가운데 이 사람은 왕원롱이라고 하는데 싱가포르에서 왔어요.

(2) 이 사람은 칼이라고 하는데 독일에서 왔어요.

(3) 그는 영국의 케임브리지 대학교를 졸업했어요.

(4) 그녀는 오늘 막 와서 나는 아직 이름은 모르는데 아마 한국에서 온 것 같아요.

(5) 그녀는 김지혜라고 하고 언론학을 공부했어요.

2.

(1) 나는 친구 몇 명과 교외로 놀러 가고 싶은데, 관심 있어요?

(2) 우리는 당신을 초대해서 함께 교외로 나들이 가고 싶은데, 당신 시간이 있는지 모르겠네요.

3.

(1) 자, 보세요. 가운데 이 사람은 왕원롱이라고 하는데 싱가포르에서 왔어요.

(2) 참, 우리 연수반의 그 예쁜 여자를 아직 기억하고 있어요?

(3) 아 참, 내 휴대전화에 우리 사진이 있어요.

(4) 어, 뒤에 있는 이 예쁜 여자는 누구예요?

4.

(1) A 기회가 되면 우리도 알고 지내도록 꼭 소개해 주세요.
　　 B 네, 문제없어요.

(2) A 기회가 있을 때 우리가 알고 지내게 소개해 주세요.
　　 B 그렇게 해요. 문제없어요.

(3) A 자전거를 타고 가는 게 제일 좋겠어요. 그러면 아무 데서나 잠깐 멈춰서 구경하고 싶으면 할 수 있으니까 편하잖아요.
　　 B 좋아요. 당신 말대로 할게요.

🐦 말하기 연습

1.

(1) 나무가 점점 자라요. | 이 나무들은 정말 예쁘네요!

(2) 꽃도 있고 잔디도 있다 | 우리는 풀밭에서 놀아요.

(3) 나무와 풀을 심다 | 나는 꽃 심는 것을 좋아하고 나무 심는 것은 더 좋아해요.

(4) 그림 한 장 | 나는 그림 그리는 것을 배우고 싶어요.

단어

行 xíng 동 (길을) 가다, 걷다 ▪ 必 bì 부 반드시, 꼭 ▪ 草地 cǎodì 명 풀밭, 잔디밭

2.

(1) 나무가 높게 자랐어요. | 나는 다 컸어요. | 그는 생긴 게 아빠를 닮았어요.

(2) 그는 똑똑해요. | 그는 영리한 사람이에요. | 이렇게 하는 건 너무 어리석어요.

(3) 나는 당신을 만난 적이 없는 것 같아요. | 나는 아마도 여기에 와 본 적이 있는 것 같아요.

(4) 나는 기차를 타고 갔어요. | 그는 어제 왔어요.

(5) 차를 마시거나 커피를 마시거나 다 괜찮아요. | 나는 내일이나 모레 가고 싶어요.

(6) 내 말을 듣는 게 가장 좋아요. | 중국 음식을 먹는 것이 제일 좋겠어요. | 가장 좋은 것은 매일 아침 식사를 하는 거예요.

(7) 안심하지 못하다 | 마음을 푹 놓다 | 안심할 수 없다 | 엄마는 나에 대해 마음을 놓지 못해요.

3.

(1) 그는 영국의 케임브리지 대학교를 졸업했어요.

> ★ 경제학을 공부하다   ★ 영국에서 오다   ★ 비행기를 타고 가다
> ★ 지난주에 가다   ★ 친구와 함께 보다

(2) A 그 사람은 누구예요?
    B 우리 반에 새로 온 친구인데 그녀는 아마 한국에서 온 것 같아요.
    A 기회가 되면 우리도 알고 지내게 꼭 소개해 주세요.
    B 네, 문제없어요.

모범답안·해석 **163**

- ★ 꽃, 나무, 풀 등을 유달리 좋아하다 ★ 중국어를 정말 잘하다
- ★ 그림을 그리다 ★ 그녀의 언니와 같이 왔다

(3) A 나는 친구 몇 명과 교외로 가고 싶은데, 관심 있어요?
B 좋아요. 당신들은 어떻게 갈 생각인가요?
A 자전거를 타고 가는 게 가장 좋겠어요. 자전거를 타는 게 편리하니까요.

- ★ 전시회를 보다 / 언제 가다 / 내일 / 내일 / 수업이 없다
- ★ 여행 / 어디로 가다 / 하얼빈 / 하얼빈 / 얼음축제가 있다

(4) A 당신 뜻은…….
B 버스를 타는 것이나 자전거를 타는 것이나 다 괜찮아요.
A 그럼 당신 말대로 할게요.

- ★ 오늘 / 내일 ★ 그림을 배우다 / 노래를 배우다 ★ 나와 가다 / 그와 가다

(5) A 자, 보세요. 여기가 좋죠?
B 정말 좋아요!

- ★ 이 사과 / 맛있다 / 맛있다 ★ 지하철 / 빠르다 / 빠르다
- ★ 오늘 시험 / 어렵지 않다 / 어렵지 않다 ★ 이 단어 / 유용하다 / 유용하다

(6) A 참, 당신은 놀러 간다고 하던데요.
B 맞아요.
A 놀러 갈 때 나를 부르는 걸 잊지 마세요.
B 안심하세요. 꼭 부를게요.

- ★ 나무를 심으러 가다 / 나무를 심으러 가다 / 물론이다 ★ 팀 참가를 신청하다 / 팀 참가를 신청하다 / 좋다

 단어

经济 jīngjì 몡 경제 ▪ 哈尔滨 Hā'ěrbīn 고유 하얼빈 ▪ 冰雪节 bīngxuějié 몡 얼음축제, 빙설제 ▪ 球队 qiúduì 몡 (구기 종목의) 팀

4.

(1)
A 这张照片上都是谁啊?
B 他们是最近认识的新朋友。

A 이 사진 속 사람들은 모두 누구인가요?
B 그들은 최근에 사귄 새로운 친구들이에요.

A 中间这个人真高，他是哪国人？ B 他是从德国来的。	A 가운데 이 사람은 정말 키가 크네요. 어느 나라 사람이에요? B 그는 독일에서 왔어요.

(2)
A 照片上，左边这个是你们的培训老师吗？ B 对。我们都觉得他长得很帅。 A 他是挺帅的。 B 他还特别聪明，他们说他是北京大学毕业的。	A 사진에서 왼쪽에 있는 이 사람이 연수반 선생님인가요? B 맞아요. 우리는 모두 그가 진짜 잘생겼다고 생각해요. A 정말 잘생겼네요. B 게다가 아주 똑똑해요. 사람들이 그러는데 그는 베이징 대학교를 졸업했대요.

(3)
A 照片中间这位美女是谁？ B 我还不知道她的名字，她是今天刚到的。 A 我觉得她很像韩国人。 B 噢，她好像是从韩国来的。 A 有机会的话，一定介绍我们认识一下。	A 사진의 가운데 있는 이 예쁜 여자는 누군가요? B 나는 아직 그녀의 이름을 몰라요. 그녀는 오늘 막 왔거든요. A 그녀는 꼭 한국 사람 같아요. B 아, 그녀는 아마 한국에서 온 것 같아요. A 기회가 있으면 우리도 알고 지내도록 꼭 소개해 줘요.

(4)
A 我们什么时候去郊外看看？ B 好啊，我想这个周末或者下个周末去。 A 这个周末吧，这个周末天气好。 B 行。我们坐公共汽车还是骑车？ A 我觉得最好是骑车，这样方便。	A 우리 언제 교외로 놀러 가 볼까요? B 좋아요. 나는 이번 주말이나 다음 주말에 가고 싶어요. A 이번 주말로 해요. 이번 주말에 날씨가 좋대요. B 좋아요. 우리는 버스를 탈 건가요, 아니면 자전거를 탈 건가요? A 나는 자전거를 타고 가는 게 가장 좋을 것 같아요. 그래야 편하니까요.

(5)
A 这位美女是谁啊？ B 你还记得我们班的朴大中吗？她是大中的妹妹。 A 噢，她现在也在这里上大学？ B 不是，她是韩国公司派来的，她来培训。	A 이 미인은 누구예요? B 우리 반의 박대중을 아직 기억해요? 그녀는 대중의 여동생이에요. A 아, 그녀도 지금 여기서 대학을 다니나요? B 아니에요. 그녀는 한국의 회사에서 파견돼 와서 연수를 받는 거예요.

(6)
A 我记得你是学新闻的。	A 나는 당신이 언론학을 전공한 걸로 기억하는데요.
B 对，现在已经毕业了。	B 맞아요. 지금은 이미 졸업했어요.
A 你是记者吗？	A 당신은 기자인가요?
B 不是，我在一家公司宣传部工作。	B 아니에요. 나는 한 회사의 홍보부에서 일해요.

1.

　　这张照片是铃木跟友美和朋友们去郊外游玩时照的照片。照片里最左边的这个男的是王云龙，是从新加坡来的；后边中间的这位美女叫金智慧，她是学新闻的，而且一家韩国汽车公司派来的，好像在公司广告部或者宣传部工作。最右边是卡尔，是从德国来的，他长得很帅，还特别聪明，很受同学们的欢迎。听老师说他是英国剑桥大学毕业的；第一行的两个人是铃木和友美。铃木是日本人，他来北京参加汉语培训，他的妹妹也在中国学习汉语。友美和铃木以前就认识，也认识铃木的妹妹。友美和铃木打算找个时间去西安看铃木的妹妹。

　이 사진은 스즈키와 토모미가 친구들과 교외에 놀러 나가서 찍은 사진입니다. 사진의 가장 왼쪽에 있는 이 남자는 왕윈룽이라고 하는데 싱가포르에서 왔습니다. 뒤의 중간에 있는 이 예쁜 여자는 김지혜라고 합니다. 언론학을 공부했고, 한국의 한 자동차 회사에서 파견되어 왔습니다. 아마 회사의 광고부나 홍보부에서 일하는 것 같습니다. 가장 오른쪽에는 칼이라고 하는데 독일에서 왔습니다. 그는 잘생긴 데다 매우 똑똑해서 반에서 인기가 아주 많습니다. 선생님에게 들으니, 그는 영국의 케임브리지 대학교를 졸업했다고 합니다. 앞줄의 두 명은 스즈키와 토모미입니다. 스즈키는 일본 사람인데 베이징에서 중국어 연수를 받고 있고, 그의 여동생도 중국에서 중국어를 배우고 있습니다. 토모미는 스즈키와 이전부터 알던 사이이고, 스즈키의 여동생과도 서로 아는 사이입니다. 토모미와 스즈키는 시간을 내서 시안으로 스즈키의 여동생을 보러 갈 계획입니다.

단어

游玩 yóuwán 동 놀다, 유람하며 즐기다 ▪ 照 zhào 동 (사진을) 찍다, (카메라로) 촬영하다 ▪ 而且 érqiě 접 게다가, 또한 ▪ 受欢迎 shòu huānyíng 인기가 있다, 환영을 받다

06

말하기 훈련

①

한나	요 며칠은 날씨가 정말 안 좋네요.
토모미	그러게요. 어제저녁에는 계속 비가 내리더니 지금은 바람까지 불어요. 밖이 무척 추운 것 같아요.
한나	나는 바람 부는 게 싫어요. 여기 날씨는 정말 이상해요. 추웠다가 더웠다가 하잖아요.
토모미	이렇게 추우니까 당신은 옷을 좀 더 입어야겠어요. 나도 좀 두꺼운 옷을 하나 입어야겠네요.
한나	나는 옷을 많이 입는 걸 제일 싫어해요. 무엇을 하든지 불편해서요.
토모미	어, 이 외투는 정말 좋네요. 새로 산 것이죠?
한나	아니에요. 예전에 산 거예요. 원래 좀 헐렁해서 계속 안 입었어요.
토모미	조금도 헐렁하지 않고 아주 잘 맞아요.
한나	네, 내가 살이 쪘거든요.
토모미	아니에요. 당신에게 정말 잘 맞고 아주 예뻐요.
한나	내 생각에는 색깔이 좀 짙은 것 같아요. 조금만 연했으면 더 예쁠 것 같은데 당신 생각은 어때요?
토모미	이 색깔은 당신한테 정말 잘 어울리는 것 같아요.
한나	좋아요. 그럼 이 옷을 입을래요. 우리 가요.

(1) 요 며칠은 날씨가 어떤가요?

这几天天气很不好，昨天晚上一直在下雨，现在还刮风。外边好像挺冷的。

요 며칠은 날씨가 아주 안 좋습니다. 어제저녁에는 계속 비가 내리더니 지금은 바람까지 붑니다. 밖이 무척 추운 것 같습니다.

(2) 왜 이곳의 날씨가 이상하다고 말하나요?

因为天气一会儿冷，一会儿热，所以汉娜说这里的天气奇怪。

날씨가 추웠다가 더웠다가 해서 한나는 이곳 날씨가 정말 이상하다고 말합니다.

(3) 한나는 무엇을 싫어하나요?

她不喜欢刮风。

그녀는 바람 부는 것을 싫어합니다.

(4) 한나는 옷이 어떻다고 생각하나요?

她觉得这件衣服有点儿肥，而且颜色有点儿深，浅一点儿就更好看了。

그녀는 이 옷이 좀 헐렁하고, 색깔이 약간 짙어서 조금 연하면 더 예쁠 것 같다고 생각합니다.

(5) 토모미는 옷이 어떻다고 생각하나요?

她觉得这件衣服一点儿也不肥，很合适，颜色挺适合汉娜的。

그녀는 이 옷이 조금도 헐렁하지 않고 아주 잘 맞는 데다가, 색깔도 한나에게 무척 잘 어울린다고 생각합니다.

2

한나	당신은 매일 어떻게 학교에 가요?
마틴	보통 택시를 타요. 당신은요?
한나	나도 원래는 자주 택시를 탔는데, 택시를 타고 다니는 게 너무 비싼 것 같아서 지금은 보통 지하철을 타요.
마틴	맞아요. 나도 매일 택시를 타고 다니는 게 좀 비싸다고 생각해요. 자전거를 한 대 사서 앞으로는 자전거를 타고 학교에 다니고 싶어요.
한나	새 자전거는 비교적 비싸니까 헌것을 사는 게 가장 좋아요. 헌것은 비교적 싸니까요.
마틴	당신이 말하는 헌 자전거는 중고 자전거죠?
한나	네, 만약 내가 산다면 중고를 살 거예요. 일이백 위앤이면 살 수 있으니까요.
마틴	그래요? 그런데 중고 자전거는 어디서 살 수 있어요?
한나	대부분의 자전거 가게에 다 있고, 중고 상품 시장에도 있어요. 아니면 인터넷으로도 살 수 있어요.
마틴	아, 당신도 한 대 안 살래요? 우리 자전거 타고 학교 가요.
한나	좋아요.
마틴	그럼 우리 오늘 인터넷에서 적당한 게 있는지 한번 찾아봐요.
한나	좋아요.

(1) 한나는 지금 어떻게 학교에 가나요?

她一般都坐地铁上学。 그녀는 보통 지하철을 타고 학교에 갑니다.

(2) 마틴은 왜 자전거를 사고 싶어 하나요?

他觉得每天打车去学校有点儿贵，他想以后骑车上学。

그는 매일 택시를 타는 게 너무 비싼 것 같아서 앞으로는 자전거를 타고 학교에 다니려 합니다.

(3) 중고 자전거의 장점은 무엇인가요?

二手车比较便宜，一两百就能买到。 중고 자전거는 비교적 싸서 일이백 위앤이면 살 수 있습니다.

(4) 어디에서 중고 자전거를 살 수 있나요?

在自行车商店、二手商品市场或者网上都能买到二手车。

자전거 가게, 중고 상품 시장, 혹은 인터넷에서도 중고 자전거를 살 수 있습니다.

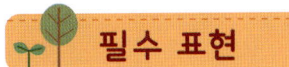
필수 표현

1.

(1) 나는 바람 부는 걸 싫어해요.

(2) 나는 옷을 많이 입는 걸 제일 싫어해요. 무엇을 하든지 불편해서요.

2.

(1) 요 며칠은 날씨가 정말 안 좋아요.

(2) 이 옷은 조금도 헐렁하지 않고 당신에게 아주 잘 맞아요.

(3) 당신이 입은 게 정말 잘 맞고 아주 예뻐요.

3.

(1) A 요 며칠은 날씨가 정말 안 좋네요.
    B 그러게요. 어제저녁에는 계속 비가 내리더니 지금은 바람까지 불어요. 밖이 무척 추운 것 같아요.

(2) A 나도 원래는 자주 택시를 탔는데, 택시를 타고 다니는 게 너무 비싼 것 같아서 지금은 보통 지하철을 타요.
    B 맞아요. 나도 매일 택시를 타고 다니는 게 좀 비싸다고 생각해요.

(3) A 참, 당신도 (자전거) 한 대 안 살래요? 우리 자전거를 타고 학교에 가요.
    B 좋아요.

(4) A 그럼 우리 오늘 인터넷에서 적당한 게 있는지 한번 찾아봐요.
    B 좋아요.

4.

(1) A 당신의 이 외투는 정말 좋네요. 새로 산 것이죠?
    B 아니에요. 예전에 산 거예요.

(2) A 나 살이 쪘어요.
　　B 아니에요.

(3) A 내 생각에는 색깔이 좀 진한 것 같아요. 조금만 연했으면 더 예쁠 것 같은데 당신 생각은 어때요?
　　B 조금도 진하지 않아요. 이 색깔은 당신에게 무척 잘 어울리는 것 같아요.

말하기 연습

1.

(1) 그는 키가 너무 작아요. ｜ 이 의자는 약간 낮아요. 좀 높은 것이 있나요?

(2) 교실이 아주 조용해요. ｜ 조용히 하세요!

(3) 새 책가방 ｜ 이것은 누구의 책가방인가요?

(4) 빨간색 ｜ 빨간 사과

(5) 티셔츠 한 장 ｜ 내 티셔츠

단어

出于 chūyú 통 ~에서 나오다　■ 蓝 lán 명 남색, 쪽빛 형 남색의, 쪽빛의　■ 胜于 shèngyú 통 ~보다 낫다, ~보다 좋다　■ 椅子 yǐzi 명 의자

2.

(1) 계속 책을 보고 있다 ｜ 우리는 줄곧 좋은 친구예요.

(2) 정말 이상하다 ｜ 이 사람은 아주 이상해요. ｜ 이상한 일

(3) 바람이 세게 불었다 약하게 불었다 해요. ｜ 우리는 노래를 불렀다 춤을 췄다 해요. ｜
그는 상점에 가고 싶어 하다 공원에 가고 싶어 하다 해요.

(4) 정말 싫다 ｜ 싫어하는 날씨 ｜ 나는 이런 날씨를 싫어해요.

(5) 나는 원래 (키가) 작았는데 지금은 많이 자랐어요. ｜ 그는 본래 학교에서 살았는데 지금은 밖에서 살아요.

(6) 택시를 타고 학교에 가다 ｜ 다섯 명은 택시 두 대를 잡아야 해요.

(7) 여섯 살에 입학하다 ｜ 날마다 등교하다 ｜ 나는 여기에서 4년 동안 학교에 다녔어요.

(8) 도서관은 비교적 조용해요. ｜ 나는 비교적 봄을 좋아해요. ｜ 모두 공부를 비교적 열심히 해요.

단어

跳舞 tiàowǔ 통 춤추다　■ 上 shàng 통 가다, 다다르다, 도착하다　■ 图书馆 túshūguǎn 명 도서관

3.

(1) A 요 며칠은 날씨가 안 좋고 계속 바람이 불어요.
　　B 나는 바람 부는 것을 싫어해서 아무 데도 못 가겠어요.

> ★ 비가 오다 / 비가 오다　★ 눈이 오다 / 눈이 오다

(2) A 당신은 옷을 좀 더 입어야겠어요.
　　B 나는 옷을 많이 입는 것을 제일 싫어해요. 무엇을 하든지 불편해서요.

> ★ 좀 두껍게 입다 / 그렇게 두껍게 입다 / 조금도 편안하지 않다
> ★ 고기를 많이 먹다 / 고기를 먹다 / 고기를 먹으면 살이 찐다
> ★ 운동을 많이 하다 / 겨울에 운동하다 / 너무 춥다

(3) A 당신의 외투는 정말 좋네요. 새로 산 것이죠?
　　B 아니에요. 예전에 산 건데 계속 안 입었어요. 색깔이 약간 연한 것 같아서요.
　　A 조금도 연하지 않고 무척 예뻐요.

> ★ 책가방 / 쓰다 / 조금 크다 / 크다　★ 자전거 / 타다 / 너무 빨갛다 / 빨갛다
> ★ 티셔츠 / 입다 / 조금 짧다 / 짧다

(4) A 나는 이 색깔이 약간 진해서 조금 연하면 좋겠어요.
　　B 그러면 아주 좋겠네요.

> ★ 프로그램 / 짧다 / 길다　★ 시간 / 이르다 / 늦다
> ★ 장소 / 시끄럽다 / 조용하다　★ 책가방 / 작다 / 크다

(5) A 내 옷은 원래 약간 헐렁했어요.
　　B 지금은 무척 잘 맞아요.

> ★ 발음 / 그다지 좋지 않다 / 아주 좋다　★ 컴퓨터 / 유난히 성능이 안 좋다 / 성능이 좋아지다
> ★ 티셔츠 / 약간 길다 / 당신이 (키가) 컸다

(6) A 택시를 타고 다니는 게 너무 비싸서 나는 보통 지하철을 타요.
　　B 맞아요. 나도 택시를 타는 게 좀 비싸다고 생각해요.

> ★ 자전거를 타는 게 너무 힘들다 / 차를 타다 / 자전거를 타는 게 좀 힘들다
> ★ 조깅은 너무 재미없다 / 탁구를 치다 / 조깅은 좀 재미가 없다
> ★ 기차는 너무 느리다 / 비행기를 타다 / 기차는 좀 느리다

(7) A 나는 중고 자전거를 사는 게 무척 좋다는 걸 알게 됐어요.
　　B 물론 좋죠. 많은 반 친구들이 모두 중고 자전거를 사요.

> ★ 광고를 보면서 중국어를 공부하다 / 반 친구 / 이렇게 하다　★ 빨간 티셔츠 / 사람 / 빨간색을 좋아하다
> ★ 태극권을 하다 / 유학생 / 태극권을 배우고 있다

단어

肉 ròu 명 고기 ・ 节目 jiémù 명 프로그램 ・ 吵 chǎo 형 시끄럽다, 소란하다 ・ 发音 fāyīn 명 발음 ・ 好用 hǎoyòng 형 성능이 좋다, 쓰기가 간편하다 ・ 跑步 pǎobù 동 조깅하다, 달리다, 뛰다 ・ 太极拳 tàijíquán 명 태극권

4.

(1)　A 这几天天气真不好。
　　B 是啊。昨天晚上一直下雨，现在还刮风。
　　A 外边好像挺冷的。
　　B 是，多穿点儿衣服吧。

　　A 요 며칠은 날씨가 진짜 안 좋아요.
　　B 그러게요. 어제 저녁에 계속 비가 내리더니 지금은 바람까지 부네요.
　　A 밖이 무척 추운 것 같아요.
　　B 네, 옷을 좀 더 입도록 해요.

(2)　A 你喜欢这儿的天气吗？
　　B 我觉得这儿的天气真奇怪。
　　A 是吗？
　　B 是啊，一会儿冷，一会儿热。
　　A 好像是，昨天还很热，今天又这么冷。

　　A 당신은 이곳 날씨를 좋아하나요?
　　B 나는 이곳 날씨가 정말 이상하다고 생각해요.
　　A 그런가요?
　　B 네, 추웠다가 더웠다가 하니까요.
　　A 그런 것 같아요. 어제는 꽤 덥더니 오늘은 또 이렇게 추워요.

(3)　A 今天特别冷，你得穿一件厚点儿的。
　　B 我就不喜欢穿太厚。
　　A 我也讨厌穿那么厚的衣服，干什么都不方便。
　　B 没错。

　　A 오늘은 특히 추우니까 당신은 좀 두꺼운 옷을 입어야겠어요.
　　B 나는 너무 두껍게 입는 것을 싫어해요.
　　A 나도 그렇게 두꺼운 옷을 입는 건 싫어해요. 무엇을 하든지 불편해서요.
　　B 맞아요.

(4)　A 哎，你这件外衣真不错，是新买的吧？
　　B 不是，是以前买的。原来有点儿肥，一直没穿。

　　A 어, 당신의 이 외투는 정말 좋네요. 새로 산 거죠?
　　B 아니에요. 예전에 산 거예요. 원래 좀 헐렁해서 계속 안 입었어요.

172

A 一点儿也不肥，不肥不瘦，正合适。
B 是吗？那就穿这件。

A 조금도 헐렁하지 않은데요. 헐렁하지도 않고 끼지도 않는 게 딱 맞아요.
B 그래요? 그럼 이 옷을 입어야겠네요.

(5)
A 你觉得这个颜色怎么样？
B 挺好看的。
A 我觉得这个颜色有点儿深，浅一点儿就更好看了。
B 一点儿也不深，我觉得这个颜色挺适合你的。
A 好吧，就买这件了。

A 이 색깔 어떤 것 같아요?
B 아주 예뻐요.
A 나는 이 색깔이 약간 진한 것 같아요. 조금 연하면 더 예쁠 것 같아요.
B 조금도 진하지 않아요. 이 색깔은 당신에게 무척 잘 어울리는 것 같아요.
A 좋아요. 그럼 이 옷을 살래요.

(6)
A 你每天怎么去学校？
B 我一般坐出租车。
A 我原来也坐出租车，可是我觉得打车太贵了，现在我一般不打车都坐地铁。
B 没错，真的挺贵的，我想买一辆自行车，以后骑车上学。

A 당신은 매일 어떻게 학교에 가요?
B 나는 보통 택시를 타요.
A 나도 원래 택시를 탔는데 택시를 타고 다니는 게 너무 비싼 것 같아서, 지금은 보통 택시를 타지 않고 지하철을 타요.
B 맞아요. 정말 너무 비싸요. 나는 자전거를 한 대 사서 앞으로는 자전거를 타고 학교에 다니고 싶어요.

(7)
A 我以后想骑车上学，我要买一辆自行车。
B 不用买新的，就买二手吧。
A 二手的就是旧车吗？
B 没错，就是旧的，很便宜。

A 나는 앞으로 자전거를 타고 학교에 다니고 싶어서 자전거를 한 대 사려고 해요.
B 새것을 살 필요는 없으니까 중고를 사요.
A 중고라는 것은 헌 자전거예요?
B 맞아요. 바로 헌 자전거예요. 아주 저렴해요.

(8)
A 商店里有二手的自行车吗？
B 一般没有，你可以去二手商品市场或者在网上都能买到。
A 网上也能买？
B 没错，还很便宜，一两百就能买到。

A 상점에 중고 자전거가 있나요?
B 보통은 없어요. 중고 상품 시장에 가도 되고 아니면 인터넷으로도 살 수 있어요.
A 인터넷에서도 살 수 있다고요?
B 그럼요. 게다가 아주 싸서 일이백 위앤이면 살 수 있어요.

실전 말하기 연습

1.

(1)

　　最近外边常常刮风，杰森今天穿了灰色的外衣，这件外衣是以前买的，原来有点儿肥，一直没穿，现在不肥不瘦，他穿正合适。

요즘 바깥에 자주 바람이 붑니다. 제이슨은 오늘 회색 코트를 입었는데 이 코트는 예전에 산 것입니다. 원래는 약간 헐렁해서 계속 안 입었는데 지금은 헐렁하지도 않고 끼지도 않는 데다 그에게 꼭 맞습니다.

(2)

　　友美今天穿了红色的连衣裙，有个人说她的裙子太红了。她问我们这件裙子觉得怎么样。我说这个颜色有点儿深，浅一点儿就更好看了。但是铃木说一点儿也不深，挺适合友美的。

토모미는 오늘 빨간색 원피스를 입었는데, 누군가가 그녀의 치마가 너무 빨갛다고 말했습니다. 그녀는 우리에게 이 치마가 어떠냐고 물었습니다. 나는 색깔이 조금 진해서 좀 연하면 더 예쁘겠다고 말했지만, 스즈키는 조금도 진하지 않고 토모미에게 무척 잘 어울린다고 말했습니다.

단어

灰色 huīsè 몡 회색　•　连衣裙 liányīqún 몡 원피스　•　裙子 qúnzi 몡 치마

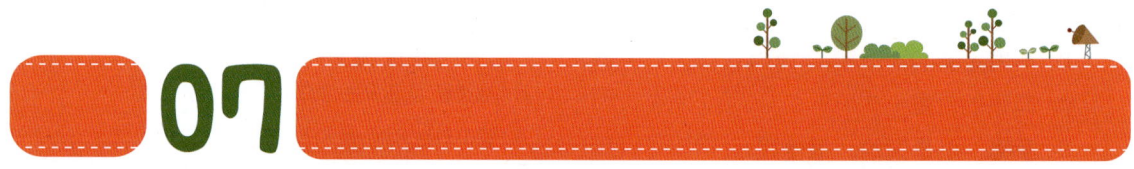

07

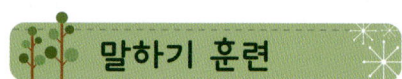

말하기 훈련

택배	안녕하세요? 텐텐 택배 회사입니다.
한나	안녕하세요? 책 몇 권을 택배로 보내고 싶은데 가져갈 사람을 보내 주실 수 있나요?
택배	네, 댁의 주소 좀 말씀해 주세요.

한나	화위앤 단지 15동 806호예요.
택배	연락처는요?
한나	제 휴대전화 번호는 18607235497이에요.
택배	알겠습니다. 바로 사람을 보내도록 하겠습니다.
한나	대략 어느 정도면 오실 수 있나요?
택배	한 시간 이내입니다. 댁에 사람이 계시죠?
한나	기다리고 있을 테니 빠르면 빠를수록 좋아요. 참, 얼마인가요?
택배	어디로 보내실 건가요? 시내인가요, 아니면 시외인가요?
한나	시내예요. 경제무역 대학교로 보낼 거예요.
택배	시내면 10위앤이에요.
한나	도착하는 데 얼마나 걸리나요?
택배	이르면 오늘이고 늦어도 내일 오전입니다.

(1) 한나가 찾은 곳은 어느 택배 회사인가요?
   她找的是天天快递公司。 그녀가 찾은 곳은 텐텐 택배 회사입니다.

(2) 한나의 책은 어디로 배달되나요?
   她的书要送到经贸大学。 그녀의 책은 경제무역 대학교로 배달됩니다.

(3) 택배 회사가 책을 가지러 오는 데 얼마나 걸리나요?
   他们一个小时以内就能到。 그들은 한 시간 이내에 올 수 있습니다.

(4) 책은 언제쯤 도착할 수 있나요?
   快的话今天，最晚明天上午。 이르면 오늘이고 늦어도 내일 오전입니다.

❷

제이슨	한나, 나한테 택배로 보낸 책 받았어요.
한나	벌써 받았어요? 이렇게 빨리요?
제이슨	네, 고마워요.
한나	택배는 정말 좋네요. 편리하고 빠르고, 게다가 비싸지도 않아요.
제이슨	그러게요. 나도 물건 부칠 때 자주 택배를 이용해요. 전화 한 통이면 되니까요.
한나	참, 상하이에 있는 친구에게 보내고 싶은 술이 두 병 있는데 이것도 택배로 보낼 수 있나요?

제이슨	물론 보낼 수 있죠.
한나	도중에 병이 깨지지 않을까요?
제이슨	그럴 리 없어요. 택배 회사에서 아주 조심할 테고 틀림없이 특별 포장을 할 테니까요.
한나	그럼 잘됐네요.
제이슨	그렇지만 그런 쉽게 깨지는 물건은 요금이 아마 좀 비쌀 거예요.
한나	상관없어요. 그럼 택배로 상하이까지 보내는 데 대략 며칠이나 걸릴까요?
제이슨	하루 이틀이겠죠. 틀림없이 거리가 멀수록 시간이 더 걸릴 거예요. 전화를 걸어서 한번 물어보세요.
한나	네, 고마워요.

(1) 한나는 택배가 어떤 장점이 있다고 생각하나요?
　　她觉得快递又方便又快，还不贵。
　　그녀는 택배가 편리하고 빠르며, 게다가 비싸지도 않다고 생각합니다.

(2) 술도 택배로 보낼 수 있나요?
　　杰森说酒也能快递。
　　제이슨이 술도 택배로 보낼 수 있다고 말했습니다.

(3) 도중에 술병이 깨지지 않을까요?
　　不会，快递公司会很小心，肯定也有特别的包装。
　　그럴 리 없습니다. 택배 회사에서 아주 조심할 것이고 특별 포장도 할 것입니다.

(4) 술과 책을 택배로 보내면 요금이 같은가요?
　　价格肯定不一样，快递酒价格要贵一点儿。
　　요금은 분명히 다를 것입니다. 술을 택배로 보내는 요금이 조금 비쌀 것입니다.

1.

(1) 안녕하세요? 텐텐 택배 회사입니다.

(2) 안녕하세요? 유이 호텔입니다.

(3) 안녕하세요? 114 전화번호 안내 센터가 당신을 위해 서비스합니다.

2.

(1) 당신의 연락처는요?

(2) 오는 데 대략 얼마나 걸리나요?

(3) 도착하는 데 얼마나 걸리나요?

(4) 택배를 상하이까지 보내는 데 대략 며칠이나 걸릴까요?

3.

(1) 책 몇 권을 택배로 보내고 싶은데 가져갈 사람을 보내 주실 수 있나요?

(2) 댁의 주소 좀 말씀해 주세요.

(3) A 바로 사람을 보내도록 하겠습니다.
    B 좀 서둘러 주실 수 있나요?

(4) A 바로 사람을 보내도록 하겠습니다.
    B 좀 빨리 될까요?

단어

宾馆 bīnguǎn 명 호텔 ▪ 查号台 cháhàotái 명 전화번호 안내 센터

말하기 연습

1.

(1) 길 하나 | 한 줄기 강

(2) 이 강은 길어요. | 강물

(3) 바지 한 벌 | 바지가 너무 길어요.

(4) 옷의 디자인 | 모양이 아주 특이해요.

(5) 식사를 예약하다 | 저는 룸을 예약하고 싶어요.

단어

寸 cùn 양 촌, 치 형 아주 짧은, 약간의 ▪ 光阴 guāngyīn 명 시간, 세월 ▪ 金 jīn 명 금, 돈

2.

(1) 편지를 보내다 | 이메일을 보내다 | 통지서를 보내다

(2) 대략 예닐곱 살 정도 | 대략 10분 정도 | 그는 아마도 오지 않을 거예요.

(3) 한 시간 이내 | 3일 이내 | 스무 명 이내

(4) 빠를수록 좋다 | 그는 걸을수록 멀어졌어요. | 비가 점점 더 많이 내려요. | 거리가 멀수록 요금이 비싸요.

(5) 본인 | 본교 | 본국

(6) 좀 조심하다 | 주의해야 한다 | 부주의해서 잃어버리다

(7) 틀림없이 오다 | 확실히 쉽다 | 내가 분명히 잘못 기억하는[적은] 게 아니에요.

단어

丢 diū 통 잃어버리다 ・ 记错 jìcuò 잘못 기억하다, 잘못 기입하다

3.

(1) A 안녕하세요? 텐텐 택배 회사입니다.
　　B 제가 택배를 보내고 싶은데요.

★ 하오츠라이 레스토랑 / 식사를 예약하다　★ 펑징 호텔 / 방을 예약하다　★ 연수원 / 연수에 참가하다

(2) A 안녕하세요? 택배를 보내고 싶은데 가져갈 사람을 보내 주실 수 있나요?
　　B 그럼요. 댁의 주소를 좀 말씀해 주세요.
　　A 화위앤 단지 15동 806호예요.
　　B 연락처는요?
　　A 제 휴대전화 번호는 18607235497이에요.

★ 식사를 주문하다 / 집까지 배달하다　★ 세탁기를 수리하다 / 수리할 사람을 보내다
★ 이사를 하다 / 짐을 옮길 차를 보내다

(3) 그는 운전을 하는데 운전을 하면 할수록 빨라져요.

★ 중국어를 하다 / 말을 하다 / 잘하다　★ 노래를 부르다 / (노래를) 부르다 / 듣기 좋다
★ 책을 사다 / 사다 / 많다

(4) 날씨가 더울수록 나는 자는 게 늦어져요.

★ 날씨 / 춥다 / 그는 입는 게 / 많다　★ 배우는 게 / 많다 / 나는 느낀다 / 쉽다
★ 물건 / 예쁘다 / 가격 / 비싸다　★ 산 / 높다 / 경치 / 아름답다

(5) A 택배는 언제쯤 도착하나요?
    B 이르면 오늘이고 늦어도 내일 오전입니다.

> ★ 패스트푸드 / 10분 이내 / 열두 시 반　★ 이삿짐 센터 / 30분 / 열 시
> ★ 마틴 / 두 시간 이후 / 저녁 식사를 할 때

(6) A 이 술은 포장이 아주 특이하네요.
    B 프랑스 거예요.

> ★ 바지 / 디자인 / 직접 만들다　★ 옷 / 색깔 / 상하이에서 사다　★ 단어 / 발음 / 방금 친구한테서 배우다

단어

旅馆 lǚguǎn 명 호텔 · 洗衣机 xǐyījī 명 세탁기 · 快餐 kuàicān 명 패스트푸드 · 词 cí 명 단어

4.

(1)
A 你好！快递公司。
B 我有东西想发快递，<u>可以派人来取一下吗</u>？
A 好，请<u>说一下您的地址</u>。
B 花园小区，15号楼，806号。
A 您的<u>联系方式</u>呢？
B 我的手机是18607235497。

A 안녕하세요? 택배 회사입니다.
B 택배로 물건을 보내고 싶은데 가져갈 사람을 보내 주실 수 있나요?
A 네, 댁의 주소를 말씀해 주세요.
B 화위앤 단지 15동 806호예요.
A 연락처는요?
B 제 휴대전화 번호는 18607235497이에요.

(2)
A 我想发快递，请派人来取一下。
B 好的，<u>我们马上派人过去</u>。
A 大概要多长时间？
B <u>一个小时以内就能到</u>。
A 好，我在家等。

A 택배를 보내고 싶은데 가져갈 사람을 보내 주세요.
B 알겠습니다. 바로 사람을 보내도록 하겠습니다.
A 대략 얼마나 걸리나요?
B 한 시간 이내에 도착할 수 있습니다.
A 네, 집에서 기다리고 있을게요.

(3)
A 请问，发本市快递，多长时间能送到？
B 快的话，<u>大概今天晚上</u>，最晚明天。
A 好的，希望<u>越快越好</u>。

A 실례지만 시내로 택배를 보내는 데 어느 정도면 도착할 수 있나요?
B 빠르면 아마 오늘 저녁이고 늦어도 내일입니다.
A 네, 빠르면 빠를수록 좋겠어요.

(4)
A 你经常用快递吗?	A 당신은 자주 택배를 이용하나요?
B 是啊，快递又方便又快，还不贵。	B 그럼요. 택배는 편리하고 빠른 데다가 비싸지도 않거든요.
A 酒也能快递吗?	A 술도 택배로 보낼 수 있나요?
B 当然可以。	B 물론 보낼 수 있죠.
A 会不会路上瓶子摔坏了呢?	A 도중에 병이 깨지지 않을까요?
B 一般不会，快递公司会很小心，还有特别的包装。	B 보통 안 그럴 거예요. 택배 회사에서 아주 조심할 테고 특별 포장을 할 거니까요.

(5)
A 请问，本市快递要多长时间?	A 실례시만 시내로 택배를 보내는 데 얼마나 걸리나요?
B 快的话今天，最晚明天上午。	B 이르면 오늘이고 늦어도 내일 오전입니다.
A 发到上海呢?	A 상하이까지 보내면요?
B 肯定是距离越远时间越长，大概两三天吧。	B 틀림없이 거리가 멀수록 시간이 더 걸릴 테니까 아마 이삼 일 정도겠죠.
A 好的，知道了。	A 네, 알겠습니다.

(6)
A 你快递给我的酒收到了，谢谢。	A 내게 택배로 보내 준 술을 받았어요. 고마워요.
B 已经收到了? 这么快?	B 벌써 받았어요? 이렇게 빨리요?
A 对，今天早上收到的。	A 네, 오늘 아침에 받았어요.
B 酒是很容易碎的东西，我还担心呢。	B 술이 아주 쉽게 깨지는 물건이라 계속 걱정하고 있었어요.
A 没问题，快递公司很小心，还有特别的包装。	A 문제없어요. 택배 회사에서 아주 조심한 데다가 특별 포장까지 한 걸요.

실전 말하기 연습

1.

A 你好! 天天快递公司。

B 你好! 我有几本书想发快递，能派人来取一下吗?

A 好，请说一下您的地址。

B 我这里是红色公寓，10号楼，202号。

A 您的联系方式？

B 我的手机是010-2345-6789。

A 好，我们马上派人过去。

B 价格大概多少钱？

A 您要送到哪里？本市8000元韩币，外地32000元韩币。

B 本市，就送到韩国大学。这些书是我托一个朋友从国外高价买来的，国内买不到，会不会路上弄丢了呢？

A 我们会很小心，肯定不会有什么问题的。

B 好的，价格不成问题，我希望越快越好。

A 要是您需要更快的服务的话，就用特快专递吧。

B 那好吧，用特快专递的话，多长时间能送到？

A 一个小时以内就能到。

A 안녕하세요? 텐텐 택배 회사입니다.

B 안녕하세요? 택배로 책을 몇 권 보내려고 하는데 가져갈 사람을 보내 주실 수 있나요?

A 네, 댁의 주소를 좀 말씀해 주세요.

B 레드아파트 10동 202호예요.

A 연락처는요?

B 제 휴대전화 번호는 010-2345-6789예요.

A 알겠습니다. 바로 사람을 보내도록 하겠습니다.

B 요금은 대략 얼마인가요?

A 어디로 보내실 건가요? 시내면 8000원이고 타지면 32000원이에요.

B 시내고요, 한국 대학교로 보낼 거예요. 이 책들은 제가 친구에게 부탁해서 외국에서 비싸게 사 온 것들이라 국내에서는 살 수가 없어요. 도중에 잃어버리진 않을까요?

A 아주 주의를 기울일 테니까 틀림없이 아무런 문제도 없을 겁니다.

B 알겠어요. 가격은 문제가 안 되니까 빠를수록 좋겠어요.

A 만약에 더 빠른 서비스가 필요하시다면 특급 우편을 이용해 보세요.

B 그게 좋겠네요. 특급 우편을 이용하면 어느 정도면 도착할 수 있나요?

A 한 시간 이내로 도착할 수 있어요.

단어

公寓 gōngyù 몡 아파트 · **韩币** hánbì 몡 원화[한국 화폐] · **托** tuō 동 위탁하다, 맡기다, 부탁하다 · **国外** guówài 몡 외국, 국외, 해외 · **高价** gāojià 몡 고가, 비싼 가격 · **国内** guónèi 몡 국내 · **买不到** mǎi bu dào 살 수 없다 · **成** chéng 동 ~이 되다 · **特快专递** tèkuài zhuāndì 몡 특급 우편 · **弄** nòng 동 (~을) 하다, 행하다

08

말하기 훈련

1

마틴	한나, 어제 전화했는데 당신이 없더군요.
한나	아, 어제 친구랑 경극을 보러 갔었어요.
마틴	경극이요? 알아들을 수 있어요?
한나	하나도 알아듣지 못했어요. 그들이 하는 말은 우리가 배운 중국어와 달라요.
마틴	내 친구도 그렇게 말했어요. 그렇지만 괜찮아요. 중국 사람 중에도 못 알아듣는 사람이 있대요.
한나	맞아요. 중국 친구가 나한테 자기들도 옆의 자막을 봐야만 이해할 수 있다고 말했어요.
마틴	자막을 보면서 듣는다니 그렇게 하면 좋겠네요.
한나	나는 자막도 안 보고 계속 그 배우들의 연기를 봤어요.
마틴	그들의 연기는 어때요?
한나	아주 독특해요. 비록 알아듣지는 못하지만 나는 경극이 좋아요.
마틴	못 알아들어도 좋다니, 왜요?
한나	그들의 의상도 좋고 그들의 화장도 좋아요.
마틴	친구에게서 그들의 화장이 매우 독특하다고 들었어요.
한나	맞아요. 아주 특이해요. 얼굴에 빨간색, 초록색, 흰색, 검은색, 모든 색깔이 다 있어요. 내 친구가 그것이 '얼굴 분장'이라고 알려 주더라고요. 나는 그들의 얼굴 분장에 특히 관심이 있어요.

(1) 한나는 왜 경극을 알아듣지 못했나요?
因为京剧里面说的话跟她平时学的汉语不一样。
왜냐하면 경극에서 하는 말은 그녀가 평소에 배운 중국어와 다르기 때문입니다.

(2) 한나의 중국 친구는 경극을 알아들을 수 있나요?
她的朋友也要看字幕才明白。 그녀의 친구도 자막을 봐야만 이해할 수 있습니다.

(3) 한나는 경극의 연기가 어떻다고 생각하나요?
她觉得演员的表演很有特点。 그녀는 배우들의 연기가 아주 독특하다고 생각합니다.

(4) 한나는 경극의 무엇을 좋아하나요?
她很喜欢演员的衣服和化妆。 그녀는 배우들의 의상과 화장을 아주 좋아합니다.

❷

마틴	토모미, 당신도 강의 들으러 왔어요?
토모미	마틴, 당신도 왔네요. 이미 들어갈 수가 없어요.
마틴	왜요?
토모미	안에 사람이 너무 많아서요.
마틴	서서 들으면 되잖아요.
토모미	안 돼요. 이미 많은 사람이 서 있어요. 입구의 보안 요원이 안전을 위해서 더는 들어가면 안 된대요.
마틴	정말 아쉽네요. 만약 좀 일찍 왔더라면 좋았을 텐데.
토모미	그러게요. 이 교수님은 일부러 외국에서 초청해 온 것이라 하더라고요. 모두 다 그분 강의가 아주 훌륭하다고 말했어요.
마틴	괜찮아요. 토요일 아침에 시립도서관에서 강의를 한 차례 더 하시는데 우리 같이 갈래요?
토모미	아침 몇 시요? 일어날 수 있어요?
마틴	문제없어요. 아홉 시 강의니까 일곱 시에 일어날게요. 우리 일곱 시 반에 출발해요.
토모미	좋아요. 우리 좀 일찍 가요. 만약에 또 들어가지 못하면 들을 기회가 없으니까요.

(1) 보안 요원은 왜 그들을 들어가지 못하게 했나요?
  里面人太多了，保安说，为了安全，不能再进人了。
  안에 사람이 너무 많아서, 보안 요원이 안전을 위해 더는 들어가면 안 된다고 말했습니다.

(2) 이 교수님의 강의는 어떤가요?
  听别人说他讲得特别精彩。 다른 사람들의 말을 들어 보면 그의 강의는 아주 훌륭하다고 합니다.

(3) 교수님의 다음번 강의는 언제 어디에서 있나요?
  周六早上9点，他在市图书馆还有一场讲座。
  토요일 오전 아홉 시에 그는 시립도서관에서 강의를 한 차례 더 합니다.

(4) 마틴은 몇 시에 일어날 계획인가요? 몇 시에 출발하나요?
  他打算7点起床，7点半出发。 그는 일곱 시에 일어나서 일곱 시 반에 출발할 계획입니다.

필수 표현

1.

(1) 중국 친구가 나한테 자기들도 옆의 자막을 봐야만 이해할 수 있다고 말했어요.

(2) (나는) 친구에게서 그들의 화장이 매우 독특하다고 들었어요.

(3) 내 친구가 그건 '얼굴 분장'이라고 알려 줬어요.

(4) 입구의 보안 요원이 안전을 위해서 더는 들어가면 안 된다고 했어요.

2.

(1) 나는 그들의 의상도 좋고 그들의 화장도 좋아요.

(2) 나는 텔레비전 보는 것을 그다지 좋아하지 않아요.

(3) 나는 노래 부르는 것을 좋아하고 춤을 추는 것도 좋아해요.

(4) 나는 쇼핑하는 것을 싫어해요.

(5) 나는 그들의 얼굴 분장에 특히 관심이 있어요.

단어

爱 ài 동 (~하는 것을) 좋아하다

3.

(1) 정말 아쉽네요.

(2) 만약 좀 일찍 왔더라면 좋았을 텐데.

말하기 연습

1.

(1) 안전에 주의하다 | 모두 주의하세요.

(2) 소리를 좀 줄이다 | 소리를 듣지 못하다

(3) 빈자리 하나 | 빈 좌석이 없어요.

단어

闻 wén 동 듣다, 냄새를 맡다 ▪ 见 jiàn 동 보다, 보이다, 만나다

2.

(1) 이해하지 못하다 | 듣고 이해하다 | 아주 분명하게 말하다

(2) 비록 좀 어렵기는 하지만 재미있어요. | 비록 그는 중국어를 배운 시간이 길지는 않지만 말을 잘해요. | 색깔은 비록 그다지 좋지 않지만 가격은 싸요.

(3) 서 있다 | 들고 있다 | 웃으면서 말하다 | 음악을 들으면서 책을 보다

(4) 안전은 아주 중요해요. | 여기는 아주 안전해요. | 안전에 주의하세요!

(5) 너무 아쉽다 | 애석하게도 나는 이해하지 못했어요. | 나는 조금도 아깝다고 생각하지 않아요.

(6) 오로지 그에게만 주다 | 일부러 여기에 와서 공부하다

(7) 일어날 수 있다 | 일어날 수 없다 | 늘어갈 수 있다 | 들어갈 수 없다 | 알아들을 수 있다 | 알아들을 수 없다

단어

笑 xiào 통 웃다 · 起 qǐ 통 (눕거나 앉은 자리에서) 일어나다

3.

(1) A 당신은 경극을 알아들을 수 있나요?
   B 알아들을 수 없어요.

   ★ 알아볼 수 있다 / 중국 책 / 알아볼 수 있다   ★ 듣고 이해하다 / 그가 하는 말 / 들어도 이해하지 못하다
   ★ 보이다 / 앞의 글자 / 보이다

(2) A 중국 친구가 나한테 그곳이 아주 재미있다고 알려 줬어요.
   B 그럼 우리도 가요.

   ★ 그 단지는 아주 조용하다 / 나 / 그곳에 살고 싶다   ★ 이 이삿짐센터가 괜찮다 / 우리 / 그들을 찾아가다
   ★ 그 레스토랑의 음식이 맛있다 / 우리 / 그곳으로 가다

(3) A 그들의 연기는 어떤가요?
   B 비록 알아듣지는 못하지만 나는 좋아해요.

   ★ 내일 날씨 / 흐린 날씨이다 / 춥지 않다   ★ 이 옷 / 디자인이 괜찮다 / 색깔이 너무 연하다
   ★ 내 발음 / 많이 발전하다 / 더 노력해야 한다

(4) A 친구에게서 그들의 화장이 아주 독특하다고 들었어요.
   B 맞아요. 아주 특이해요.

- ★ 연기 / 매우 훌륭하다   ★ 얼굴 분장 / 다른 사람들과 완전히 다르다
- ★ 강의 / 사람을 매우 빠져들게 하다

(5) A 우리는 들어갈 수가 없어요.
    B 왜요?
    A 보안 요원이 그러는데 안이 이미 꽉 찼대요.
    B 너무 아쉽네요.

- ★ 이미 자리가 없다   ★ 오늘 사람이 너무 많다   ★ 표가 이미 매진되었다

(6) A 오늘은 들어갈 수가 없어요.
    B 정말 아쉽네요. 만약에 좀 일찍 왔더라면 좋았을 텐데.

- ★ 사과가 없다 / 어제 몇 개 더 사다   ★ 전시회는 어제 끝났다 / 며칠 일찍 오다
- ★ 그들은 이미 출발했다 / 내가 좀 일찍 도착하다

단어

前边 qiánbiān 명 앞, 앞쪽 ▪ 饭馆 fànguǎn 명 레스토랑, 음식점 ▪ 菜 cài 명 음식, 요리 ▪ 进步 jìnbù 동 발전하다, 진보하다 ▪ 满 mǎn 형 꽉 차다

4.

(1)
A 昨天给你打电话，你不在。	A 어제 당신에게 전화했는데 없더군요.
B 哦，昨天我和朋友看京剧去了。	B 아, 어제 친구와 경극을 보러 갔었어요.
A 怎么样？听得懂吗？	A 어땠어요? 알아들을 수 있나요?
B 一点儿都听不懂，因为京剧里面说的话跟我学的汉语不一样。	B 조금도 알아듣지 못했어요. 왜냐하면 경극에서 하는 말은 내가 배운 중국어와 다르거든요.

(2)
A 你听得懂京剧吗？	A 당신은 경극을 알아들을 수 있나요?
B 京剧？一点儿都听不懂，他们说的话很特别。	B 경극이요? 조금도 알아듣지 못해요. 그들이 하는 중국어는 아주 특이해요.
A 我的中国朋友也这么说。	A 내 중국 친구도 그렇게 말했어요.
B 对，他们也要看旁边的字幕才能明白。	B 맞아요. 그들도 옆의 자막을 봐야만 이해할 수 있어요.

(3)
A 你昨天看京剧，他们的表演怎么样？
B 他们的表演很有特点。
A 你喜欢吗？
B 虽然我听不懂，但是我喜欢京剧。

A 당신이 어제 본 경극에서 그들의 연기는 어땠나요?
B 그들의 연기는 아주 독특했어요.
A 좋았나요?
B 비록 알아듣지는 못하지만 나는 경극이 좋아요.

(4)
A 你听不懂京剧，为什么还那么喜欢啊？
B 我喜欢他们的衣服，也喜欢他们的化妆。
A 听朋友说，他们的脸上红的、绿的、白的、黑的，什么颜色都有。
B 对，他们的化妆很有特点，这就是京剧的"脸谱"。

A 당신은 경극을 알아듣지 못하면서 왜 그렇게 좋아하는 건가요?
B 나는 그들의 의상도 좋고 그들의 화장도 좋아요.
A 친구에게서 그들의 얼굴에는 빨간색, 초록색, 흰색, 검은색, 모든 색깔이 다 있다고 들었어요.
B 맞아요. 그들의 화장은 아주 독특해요. 그게 바로 경극의 '얼굴 분장'이에요.

(5)
A 你来听讲座，为什么不进去啊？
B 我们已经进不去了，里面人太多了。
A 没有座位了吗？
B 对，已经有很多人站着了。
A 真可惜，要是早一点儿来就好了。

A 당신은 강의를 들으러 와 놓고 왜 안 들어가요?
B 우리는 이미 들어갈 수가 없어요. 안에 사람이 너무 많아서요.
A 자리가 없나요?
B 네, 이미 많은 사람이 서 있어요.
A 정말 아쉽네요. 만약 좀 일찍 왔더라면 좋았을 텐데.

(6)
A 今天的讲座你听了吗？怎么样？
B 我听了下午那一场，他讲得特别精彩。
A 他是我们学校的老师吗？
B 不是，听说这位教授是专门从国外请来的。

A 오늘 강의 당신은 들었나요? 어땠어요?
B 나는 오후 강의를 들었는데 그의 강의는 진짜 훌륭했어요.
A 그분은 우리 학교의 선생님인가요?
B 아니에요. 이 교수님은 일부러 외국에서 초청해 온 것이라고 하더라고요.

(7)
A 明天几点起床？7点，行吗？
B 7点？你起得来吗？
A 我起得来，你呢？
B 我肯定会起不来的，7点半吧。
A 好，7点半一定要起床，我们8点就出发。

A 내일 몇 시에 일어날까요? 일곱 시면 돼요?
B 일곱 시요? 일어날 수 있어요?
A 나는 일어날 수 있는데, 당신은요?
B 나는 분명히 못 일어날 거예요. 일곱 시 반으로 해요.
A 좋아요. 일곱 시 반에는 꼭 일어나세요. 우리 여덟 시에 바로 출발해요.

실전 말하기 연습

1.

几年前在北京留学的时候，我跟几个朋友一起去剧院看过京剧。当时我的汉语水平不怎么样，演员们的话一点儿都听不懂。虽然我听不懂，但是我很喜欢京剧。京剧的表演跟电影、歌剧不一样，很有特点，那些演员在现场表演得特别精彩。他们的衣服和化妆也吸引了我，听中国朋友说京剧各种角色的化妆是不一样的，在演员的脸上涂的各种颜色都象征角色的性格，我朋友告诉我，那叫京剧的"脸谱"。我觉得我很幸运能在北京亲自去看京剧。

몇 년 전에 베이징에서 유학할 때, 나는 친구 몇 명과 함께 극장에 가서 경극을 본 적이 있습니다. 당시 나는 중국어를 잘하지 못했기 때문에 배우들의 말을 하나도 알아듣지 못했습니다. 비록 알아듣지는 못했지만 나는 경극이 정말 좋았습니다. 경극의 연기는 영화나 오페라와는 달리 아주 독특했고, 그 연기자들이 현장에서 연기하는 것도 매우 훌륭했습니다. 그들의 의상과 화장도 나의 마음을 사로잡았습니다. 중국 친구의 말을 들어 보니, 경극은 각각의 배역마다 화장이 다르다고 합니다. 연기자들의 얼굴에 칠한 각각의 색깔은 모두 배역의 성격을 상징하는데, 내 친구는 그것을 경극의 '얼굴 분장'이라 부른다고 알려 주었습니다. 나는 베이징에서 직접 경극을 볼 수 있었던 게 아주 행운이라고 생각합니다.

단어

剧院 jùyuàn 몡 극장, 극단 • 歌剧 gējù 몡 오페라 • 现场 xiànchǎng 몡 현장 • 涂 tú 동 칠하다, 바르다 • 象征 xiàngzhēng 동 상징하다, 나타내다 • 角色 juésè 몡 배역 • 幸运 xìngyùn 톙 운이 좋다, 행운이다 • 亲自 qīnzì 퇸 직접, 손수, 친히

09

말하기 훈련

1

대중	한나, 안색이 좋지 않은 것 같아요.
한나	아, 아마도 어젯밤에 잠을 푹 자지 못해서 그럴 거예요.
대중	몸이 안 좋아요?
한나	아니에요. 이게 다 위층에 사는 이웃 때문이에요.

대중	이웃이 어쨌는데요?
한나	그 사람 집에서 어제 파티를 했는데, 노래도 부르고 춤도 춰서 소음이 너무 심했어요. 나는 도무지 잘 수가 없어서 밤 내내 텔레비전을 봤어요.
대중	파티는 몇 시에 끝났어요?
한나	아마 세 시 좀 넘어서일 거예요. 나는 네 시가 다 돼서야 잤어요.
대중	맙소사, 그렇게 늦게요? 오늘 돌아가면 푹 쉬어요. 내일은 토요일이라 수업이 없으니까 일어날 필요 없이 푹 잘 수 있어요.
한나	맞아요. 늦잠을 잘 수 있겠네요.

(1) 한나는 어떤가요?
她因为昨天夜里没睡好，所以看起来脸色不太好。
그녀는 어젯밤에 잠을 푹 자지 못해서 안색이 좋지 않아 보입니다.

(2) 한나는 어제 몇 시에 잤나요?
她快4点了才睡。 그녀는 네 시가 다 돼서야 잠을 잤습니다.

(3) 어제 한나의 이웃은 무엇을 했나요?
昨天晚上他们在家里开晚会，又唱又跳，声音特别大。
어제저녁에 그들은 집에서 파티를 했는데, 노래도 부르고 춤도 춰서 소음이 너무 심했습니다.

(4) '睡懒觉'는 무슨 뜻인가요?
就是指人贪睡，不爱起床，多指起床较晚。
잠자는 걸 좋아해서 일어나기 싫어하는 걸 말합니다. 대부분 비교적 늦게 일어나는 것을 가리킵니다.

단어

指 zhǐ 통 가리키다 ▪ 贪 tān 통 탐내다, 몹시 바라다, 희망하다

2

대중	한나, 어제는 잘 쉬었어요?
한나	말도 마세요. 원래 늦잠을 잘 계획이었는데 일곱 시가 되자마자 옆집에 사는 이웃이 피아노를 치기 시작하는 거예요.
대중	네? 그렇게 일찍 피아노를 쳤다고요?
한나	그러게요. 그래서 그들을 찾아가서 나중에 다시 치라고 부탁했어요.
대중	그들이 동의했나요?

한나 　　아이가 일요일에 피아노 시험이 있어서 충분히 준비를 해야 한다며 미안하다고 말하더군요.

대중 　　정말 방법이 없네요. 그럼 당신은 저녁에 더 잤겠네요.

한나 　　나도 그럴 줄 알았어요. 그런데 뜻밖에도 저녁에 아래층에 사는 이웃이 또 파티를 하는 거예요. 너무 피곤했지만 그래도 잘 수가 없어서, 할 수 없이 또 저녁 내내 텔레비전을 봤어요.

대중 　　네? 그럼 오늘 수업 들을 수 있겠어요? 틀림없이 좀 있다가 바로 잠이 들 거예요.

한나 　　맞아요. 그렇지만 수업 시간에 잠을 자는 건 엄청 무례한 일이잖아요.

대중 　　그럼 어떡해요?

한나 　　방금 커피 두 잔을 마셨으니까 문제없을 거예요.

(1) 한나는 왜 늦잠을 잘 수 없었나요?
因为刚7点，她的邻居就开始弹钢琴。
막 일곱 시가 되자마자 그녀의 이웃이 피아노를 치기 시작했기 때문입니다.

(2) 이웃집 아이는 왜 그렇게 일찍 피아노를 쳤나요?
因为他星期天有钢琴考试，得好好儿准备。
그 아이는 일요일에 피아노 시험이 있어서 충분히 준비를 해야 하기 때문입니다.

(3) 저녁에 한나의 아래층 이웃은 무엇을 했나요?
晚上楼下的邻居开晚会。 저녁에 아래층의 이웃은 파티를 했습니다.

(4) 한나는 수업 시간에 잠을 자도 된다고 생각하나요? 왜인가요?
她认为不能，因为她觉得上课睡觉不礼貌。
그녀는 안 된다고 생각합니다. 왜냐하면 수업 시간에 잠을 자는 건 무례하다고 생각하기 때문입니다.

 필수 표현

1.

(1) 맙소사, 그렇게 늦게요?

(2) 네? 그렇게 일찍 피아노를 쳤다고요?

2.

(1) 당신은 안색이 좋지 않은 것 같아요.

(2) 몸이 안 좋아요?

(3) 어제는 잘 쉬었어요?

(4) 그럼 어떻게 할 거예요?

(5) 당신은 어땠어요?

(6) 요즘 바빠요?

3.

(1) 정말 방법이 없네요. 그럼 당신은 저녁에 더 잤겠네요.

(2) 비록 나는 너무 피곤했지만 그래도 잘 수가 없어서, 할 수 없이 또 저녁 내내 텔레비전을 봤어요.

(3) 방법이 없네요. 어쩔 수 없이 이렇게 해야겠어요.

4.

(1) A 네? 그렇게 일찍 피아노를 쳤다고요?
    B 그러게요. 그래서 나는 그들을 찾아가서 나중에 다시 치라고 부탁했어요.

(2) A 그럼 당신은 저녁에 더 잤겠네요.
    B 나도 그럴 줄 알았어요.

(3) A 그럼 오늘 수업 들을 수 있겠어요? 틀림없이 좀 있다가 바로 잠이 들 거예요.
    B 맞아요.

말하기 연습

1.

(1) 나의 침실 | 침실이 크다

(2) 소설 한 권 | 그는 소설 읽는 것을 가장 좋아해요.

(3) 진짜 말도 안 되다 | 이렇게 하는 건 정말 말도 안 돼요.

(4) 분명하게 쓰다 | 똑똑히 봤나요?

단어

时 shí 몡 시기, 기회, 좋은 때 ▪ 利 lì 몡 이점, 이로움, 이익, 좋은 점 ▪ 和 hé 혭 조화롭다, 화목하다, 부드럽다, 온화하다

2.

(1) 침실은 위층에 있고 거실은 아래층에 있어요. ㅣ 나는 3층 301호에 살고 그는 내 위층인 4층 401호에 살아요.

(2) 아무리 해도 알아들을 수가 없다 ㅣ 내 컴퓨터는 어떻게 수리해도 수리할 수가 없어요.

(3) 잠이 들다 ㅣ 잠들지 못하다 ㅣ 당신은 위쪽에 있는 책을 잡을 수 있나요?

(4) 방에 가득 찬 사람 ㅣ 밤새 한숨도 못 자다 ㅣ 우리는 1년 동안 만나지 못했어요.

(5) 말도 마세요. ㅣ 이 일은 말도 꺼내지 마세요. ㅣ 그의 책에서 이곳을 언급했어요.

(6) 할 수 없이 내일 가다 ㅣ 어쩔 수 없이 좀 늦어지다 ㅣ 방법이 없네요. 어쩔 수 없이 그의 말을 들어야겠어요.

(7) 갈 수 있다 ㅣ 갈 수 없다 ㅣ 번역할 수 있다 ㅣ 번역할 수 없다

단어

翻译 fānyì 동 번역하다, 통역하다

3.

(1) A 그는 네 시가 다 돼서야 잤어요.
    B 세상에, 그렇게 늦게요!

> ★ 여섯 시에 왔다 / 그렇게 일찍이요   ★ (그의) 이 바지는 천 위앤이 넘는다 / 너무 비싸요
> ★ 우리가 방금 산 책을 모두 팔다 / 정말 말도 안 돼요

(2) A 안색이 좋지 않은 것 같은데 몸이 안 좋아요?
    B 아니에요. 어제 잠을 못 잤어요. 밤 내내 텔레비전을 봤거든요.

> ★ 병이 났죠 / 영화를 보다   ★ 아픈 거 아니에요 / 수다를 떨다   ★ 몸이 아픈가요 / 소설을 보다

(3) A 주말에 어떻게 보냈어요?
    B 말도 마세요. 원래 늦잠을 잘 계획이었는데 막 일곱 시가 되자마자 이웃 사람이 피아노를 치기 시작했어요.
    A 네? 정말 말도 안 돼요!

> ★ 일찍 자다 / 이미 열두 시가 다 되었다 / 친구가 나에게 전화를 걸다
> ★ 소설도 좀 보고 음악도 좀 듣다 / 저녁 내내 / 기숙사가 정전이 되다
> ★ 전화로 수다를 떨다 / 일어나자마자 / 룸메이트가 내 휴대전화를 가져갔다

(4) 어젯밤에 나는 도무지 잘 수가 없었어요.

> ★ 그의 말 / 알아들을 수 없다   ★ 이 소설 / 봐도 이해할 수 없다
> ★ 이 휴대전화 / 제대로 수리할 수 없다   ★ 그 자막 / 제대로 알아볼 수 없다

(5) A 이렇게 일찍 자면 당신은 잠들 수 있나요?
    B 아마도 잠들 수 없겠지만 한번 시도해 보려고요.

> ★ 이렇게 많은 술 / 다 마실 수 있다 / 다 마실 수 없다
> ★ 이렇게 어려운 소설 / 번역할 수 있다 / 번역할 수 없다
> ★ 그렇게 멀리 있는 것 / 똑똑히 볼 수 있다 / 똑똑히 볼 수 없다
> ★ 그렇게 적게 자다 / 수업을 들을 수 있다 / 수업을 들을 수 없다

단어

病 bìng 동 병이 나다 ▪ 聊天儿 liáotiānr 동 수다를 떨다, 한담하다 ▪ 停电 tíngdiàn 동 정전되다

4.

(1)
A 你的脸色好像不太好
B 哦，可能是因为昨天夜里没睡好。
A 身体不舒服吗？
B 不是，都是因为我楼上的邻居。

A 안색이 좋지 않은 것 같아요.
B 아, 아마도 어젯밤에 잠을 푹 자지 못해서 그럴 거예요.
A 몸이 안 좋아요?
B 아니에요. 이게 다 위층에 사는 이웃 때문이에요.

(2)
A 你的邻居怎么了？
B 他家开晚会，声音特别大，我怎么也睡不着。
A 那你怎么办？
B 所以我看了一晚上的电视。

A 당신의 이웃이 어쨌는데요?
B 그의 집에서 파티를 했는데, 소음이 너무 심해서 나는 도무지 잠을 잘 수가 없었어요.
A 그래서 당신은 어떻게 했어요?
B 그래서 밤 내내 텔레비전을 봤어요.

(3)
A 我昨天快4点才睡。
B 天哪，那么晚！今天回去好好儿休息。
A 明天没有课，可以好好儿睡，不用起床。
B 对，可以睡个懒觉。

A 나는 어제 네 시가 다 돼서야 잤어요
B 맙소사, 그렇게 늦게요? 오늘 돌아가면 푹 쉬어요.
A 내일은 수업이 없으니까 일어날 필요 없이 푹 잘 수 있어요.
B 맞아요. 늦잠을 자도 되겠네요.

(4)
A 你为什么起那么早?
B 因为早上刚7点，旁边的邻居就开始弹钢琴。
A 啊？这么早弹钢琴？太不像话了。
B 是啊，所以我去找他们，请他们晚一点儿再弹。
A 他们同意了吗？
B 他们说，孩子有钢琴考试，得好好儿准备，对不起了。

A 당신은 왜 그렇게 일찍 일어났나요?
B 아침에 막 일곱 시가 되자마자, 옆집에 사는 이웃이 피아노를 치기 시작했거든요.
A 네? 그렇게 일찍 피아노를 쳤다고요? 정말 말도 안 돼요.
B 그러게요. 그래서 그들을 찾아가서 나중에 다시 치라고 부탁했어요.
A 그들이 동의했나요?
B 아이가 피아노 시험이 있어서 충분히 준비를 해야 한다며 미안하다고 말하더군요.

(5)
A 你昨天睡那么晚，今天还上得了课吗？
B 不知道，可能一会儿就睡着了。
A 那可不行，上课睡觉，多不礼貌啊。
B 我刚才喝了两杯咖啡，应该没问题。
A 好，那我们现在就去吧。

A 당신은 어제 그렇게 늦게 잤는데 오늘 수업을 들을 수 있겠어요?
B 모르겠어요. 아마 좀 있다가 바로 잠이 들 것 같아요.
A 그러면 절대 안 돼요. 수업 시간에 자는 건 무척 무례한 일이에요.
B 방금 커피 두 잔을 마셨으니까 문제없을 거예요.
A 좋아요. 그럼 우리 이제 가죠.

실전 말하기 연습

1.

　　我现在住在一间公寓，我楼上的邻居就是我们班的一个同学，我们俩每天一起上学，一起放学回家。回家后经常在我家一起学习、聊天、吃饭，像一家人一样。
　　住在我楼下的邻居就是我的姨妈，我们两家在这里已经住了两年了，妈妈跟姨妈每天都在一起。三年前我外婆去世后，我妈特别难受，有时候大哭，有时候一句话也不说，饭也吃不下，爸爸作了个决定，全家搬到姨妈家附近。搬来后，妈妈的情绪好多了，全家人都过得很幸福愉快，每天能看到姨妈，我也非常开心。

　　나는 지금 아파트에 삽니다. 위층에 사는 이웃은 바로 우리 반 친구입니다. 우리 둘은 매일 함께 학교에 갔다가 수업이 끝나면 함께 집에 옵니다. 집에 돌아와서는 항상 우리 집에서 같이 공부하거나 수다를 떨거나 밥을 먹어서 마치 한 가족 같습니다.
　　우리 아래층에 사는 이웃은 바로 우리 이모입니다. 우리 두 집은 이곳에서 산 지 이미 2년이 되었습니다. 엄마와 이모는 매일 함께 있습니다. 3년 전 외할머니가 돌아가신 후, 엄마는 매우 슬퍼했습니다. 어떤 때는 크게 소리 내어 울고 어떤 때는 말을 한 마디도 하지 않았으며 식사도 못 했습니다. 아빠는 우리 집을 이모 집 근처로 이사하기로 결정을 내렸습니다. 이사를 온 후 엄마의 기분이 많이 좋아졌고 온 가족이 모두 행복하고 즐겁게 지냅니다. 매일 이모를 볼 수 있어서 나도 아주 기쁩니다.

단어

间 jiān 양 칸, 채[집을 세는 단위] • 姨妈 yímā 명 이모 • 外婆 wàipó 명 외할머니 • 去世 qùshì 동 죽다, 세상을 뜨다 • 难受 nánshòu 형 불편하다, 괴롭다, 슬프다 • 情绪 qíngxù 명 정서, 기분, 마음

10

말하기 훈련

1

마틴 리쉐, 오후에 친구를 만나러 외국어 대학교에 갈 건데 차를 어떻게 타면 될까요?

리쉐 외국어 대학교요? 우선 25번 버스를 타고 박물관에서 내린 후, 다시 320번 버스를 타면 도착해요.

마틴 차를 갈아타야 하나요?

리쉐 네, 외국어 대학교는 아주 멀어요.

마틴 지하철로도 갈 수 있어요? 지하철이 버스보다 빠를 것 같아요.

리쉐 지하철로는 외국어 대학교까지 갈 수 없어요. 지하철에서 내려서 또 차를 갈아타거나 걸어가야 해요.

마틴 차를 갈아타는 건 너무 번거로워요. 걸어가면 얼마나 걸어야 해요?

리쉐 대략 15분쯤 걸을 거예요.

마틴 그렇게 멀어요?

리쉐 아니면 택시를 타요. 그렇지만 택시를 타면 지하철을 타는 것보다 훨씬 비싸요.

마틴 자전거를 타는 건요? 자전거를 타는 건 어때요?

리쉐 사실 무슨 차를 타든 자전거를 타는 것만큼 편하지는 않아요. 그렇지만 여기서 외국어 대학교까지는 너무 멀어요.

마틴 아무래도 지하철을 타야겠어요. 학교 입구에 지하철이 있나요?

리쉐 있어요. 학교 동문으로 나가서 큰길을 건너면 바로예요.

(1) 외국어 대학교에 가려면 차를 어떻게 타나요?

先坐25路，到博物馆下车，然后再坐320路就到了。

우선 25번 버스를 타고 박물관에서 내린 후, 다시 320번 버스를 타면 도착합니다.

(2) 지하철을 타고 외국어 대학교에 갈 수 있나요?

不可以，下了地铁也要换车或者走路。

갈 수 없습니다. 지하철에서 내려서 차를 갈아타거나 걸어가야 합니다.

(3) 자전거를 타고 외국어 대학교에 가는 건 어떤가요?

骑车去那里太远了。

자전거를 타고 거기까지 가기에는 너무 멉니다.

❷

한나	기사님, 쇼핑센터까지 가는 데 얼마나 걸리나요?
기사	차가 막히지 않는다면 대략 20분쯤이요. 만약 길이 막힌다면 모르겠네요.
한나	친구와 다섯 시에 만나기로 약속을 했는데 늦지 않았으면 좋겠어요. 좀 빠른 길은 없나요?
기사	강가에 있는 길이 보통 차가 안 막혀요. 그런데 그 길은 이 길보다 멀어요.
한나	좀 멀어도 괜찮아요. 길만 안 막히면 돼요.
기사	그럼 시내로 가지 말고 강가의 그 길로 갑시다.
한나	좋아요. 기사님 말씀대로 할게요.
기사	나는 강가의 그 길로 가는 걸 좋아해요. 차가 적을 뿐만 아니라 신호등도 적거든요. 그래서 그쪽으로 가는 게 이쪽으로 가는 것보다 훨씬 빨라요.
한나	그럼 그 길로 가요. 빠르면 빠를수록 좋아요.

(20분 후)

기사	앞이 바로 쇼핑센터예요. 어디에 세워 드릴까요?
한나	사거리 이쪽에 세워 주시면 돼요. 감사합니다. 기사님께서 온 길은 정말 좋네요. 차도 전혀 안 막히고요.
기사	늦지는 않으셨죠?
한나	네, 감사합니다. 돈 받으세요.
기사	영수증 드릴게요. 물건을 챙겨서 내리는 걸 잊지 마세요.

(1) 한나는 친구와 어떻게 약속을 했나요?

她们约好了5点见面。 그녀들은 다섯 시에 만나기로 약속했습니다.

(2) 택시 기사는 왜 비교적 먼 길로 가려고 하나요?

　　因为那条路不堵车。 그 길은 차가 막히지 않기 때문입니다.

(3) 기사는 왜 강가의 길로 가는 걸 좋아하나요?

　　因为那条路不仅车少，而且红绿灯也少。 그 길은 차가 적을 뿐만 아니라 신호등도 적기 때문입니다.

(4) 한나가 차에서 내릴 때 기사가 그녀에게 뭐라고 말했나요?

　　给她发票，让她别忘了拿上自己的东西。

　　그녀에게 영수증을 주면서 자기 물건을 챙겨서 내리는 걸 잊지 말라고 했습니다.

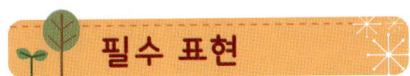

1.

(1) 나는 지하철이 버스보다 빠르다고 생각해요.

(2) 택시를 타는 것은 지하철을 타는 것보다 훨씬 비싸요.

(3) 무슨 차를 타든 자전거를 타는 것만큼 편하지는 않아요.

2.

(1) 나는 오후에 친구를 만나러 외국어 대학교에 갈 건데 차를 어떻게 타면 될까요?

(2) 차를 갈아타야 하나요?

(3) 지하철을 타고 갈 수 있어요?

(4) 차를 갈아타는 건 너무 번거로워요. 걸어가면 얼마나 걸어야 해요?

(5) 자전거를 타는 건 어때요?

(6) 학교 입구에 지하철이 있나요?

3.

(1) 앞이 바로 쇼핑센터예요.

(2) 자기 물건을 챙겨서 내리는 걸 잊지 마세요.

(3) 차에서 내려야 해요.

(4) 도착했어요.

말하기 연습

1.

(1) 나는 자전거를 타고 가기로 결정했어요. | 그는 아직 결정하지 않았어요.

(2) 상황이 어때요? | 이곳의 상황을 우리는 모두 알고 있어요.

(3) 당신이 그에게 좀 상기시켜 주세요. | 그가 나에게 물건을 잊지 말라고 일깨워 줬어요.

단어

了解 liǎojiě 통 알다, 이해하다

2.

(1) 내가 우선 생각을 좀 하고 그 후에 다시 결정할게요. | 우리는 먼저 영화를 보고 그다음에 서점에 갈 거예요.

(2) 나는 그보다 (키가) 커요. | 그는 나보다 두 살 많아요. | 오늘은 어제보다 훨씬 추워요.

(3) 대략 20분 정도 | 대략 200미터쯤 | 아마 열예닐곱 살쯤

(4) 그는 나만큼 (키가) 크지 않아요. | 이곳은 그곳만큼 춥지 않아요. | 이 책은 그 책만큼 재미있지 않아요.

(5) 강을 건너다 | 다리를 건너다 | 큰길을 건널 때는 차를 조심해야 해요.

(6) 그는 노래를 부를 수 있을 뿐만 아니라 춤도 출 수 있어요. | 그는 아직 오지 않은 데다 전화도 걸지 않았어요.

단어

桥 qiáo 명 다리, 교량

3.

(1) 나는 지하철이 버스보다 빠르다고 생각해요.

　★ 이 단지 / 저 단지 / 조용하다　★ 그 영화 / 이 영화 / 재미있다　★ 이번 학기 / 지난 학기 / 바쁘다

(2) 택시를 타는 것은 지하철을 타는 것보다 훨씬 비싸요.

　★ 그 / 나 / (키가) 크다　★ 내 방 / 그의 방 / 정돈되다　★ 교외 / 공원 / 놀기 좋다
　★ 경제무역 대학교 / 외국어 대학교 / 멀다

(3) 무슨 차를 타든 자전거를 타는 것만큼 편하지 않아요.

　★ 무슨 선물을 사다 / 꽃을 선물하다 / 적당하다　★ 무슨 과일 / 사과 / 맛있다　★ 무엇 / 경극 / 재미있다

(4) 우선 25번 버스를 탄 다음에, 다시 320번 버스로 갈아타요.

> ★ 의논을 좀 하다 / 어떻게 할지 결정하다   ★ 상하이에 가서 회의를 하다 / 시안에 가서 참관하다
> ★ 좋은 집을 찾다 / 이사 가는 일을 생각하다

(5) A 우리 어느 길로 가나요?
　　B 이 길은 차가 적을 뿐만 아니라 신호등도 적어요.
　　A 당신 말대로 할게요. 이 길로 가요.

> ★ 강가의 길 / 차가 막히지 않다 / 좀 더 가깝다 / 강가의 길로 가요
> ★ 시내 / 차가 많다 / 자전거도 많다 / 시내로 가지 말아요
> ★ 새로 난 길 / 차가 적다 / 사람도 적다 / 새로 난 길로 가요

(6) A 우리는 외국어 대학교에 가려고 하는데, 어떻게 가면 좋을까요?
　　B 지하철을 타는 게 좋겠어요. 빠른 데다가 사람도 많지 않으니까요.

> ★ 교외 / 자전거를 타다 / 체력을 단련하다 / 길가의 경치도 좋다
> ★ 선생님 댁 / 걸어가다 / 멀지 않다 / 차에는 사람이 너무 많다
> ★ 박물관 / 택시를 타다 / 그 길은 차가 막히지 않는다 / 신호등도 적다

단어

学期 xuéqī 명 학기 · 整齐 zhěngqí 형 정돈되다, 가지런하다 · 商量 shāngliang 동 의논하다, 상의하다 · 开会 kāihuì 동 회의하다 · 参观 cānguān 동 참관하다, 참석하다

4.

(1)
A 我要去外语学院，应该怎么坐车啊？	A 외국어 대학교에 갈 건데, 차를 어떻게 타면 될까요?
B 你先坐25路，到博物馆下车，然后再坐320路，就到了。	B 우선 25번 버스를 타고 박물관에서 내려요. 그다음에 다시 320번 버스를 타면 도착해요.
A 还要换车啊？	A 차를 갈아타야 하나요?
B 是啊，外语学院挺远的。	B 네, 외국어 대학교는 아주 멀어요.

(2)
A 坐地铁到得了外语学院吗？	A 지하철로 외국어 대학교에 갈 수 있나요?
B 地铁到不了外语学院，你下了地铁还要换车。	B 지하철로는 외국어 대학교까지 갈 수 없어요. 지하철에서 내려서 또 차를 갈아타야 해요.
A 地铁和公共汽车，哪个快？	A 지하철과 버스 중에서 어느 것이 빠를까요?
B 我觉得公共汽车比地铁快。	B 내 생각에는 버스가 지하철보다 빠를 것 같아요.

(3)
A 你不喜欢坐地铁的话，可以打车去。	A 지하철 타는 게 싫으면 택시를 타고 가도 돼요.
B 打车要比坐地铁贵得多。	B 택시를 타는 건 지하철을 타는 것보다 훨씬 비싸요.
A 是，打车比较贵。那你骑车怎么样？	A 맞아요. 택시를 타는 것은 비교적 비싸요. 그럼 자전거를 타는 건 어때요?
B 我认为坐什么车都没有骑车方便。我就骑车吧。	B 나는 무슨 차를 타든 자전거를 타는 것만큼 편하지 않다고 생각해요. 자전거를 타고 갈래요.

(4)
A 师傅，我们到购物中心要多长时间？	A 기사님, 쇼핑센터까지 가는 데 얼마나 걸리나요?
B 不堵车的话，大约30分钟；堵车的话，就不知道了。	B 차가 막히지 않는다면 대략 30분쯤이요. 만약 길이 막힌다면 모르겠네요.
A 有没有不堵车的路啊？	A 차가 막히지 않는 길은 없나요?
B 新修的一条路不堵车，不过那条路比这条路远。	B 새로 난 길이 차가 안 막혀요. 그런데 그 길은 이 길보다 멀어요.
A 远一点儿没关系。	A 좀 멀어도 괜찮아요.

(5)
A 师傅，我快迟到了，有没有快一点儿的路？	A 기사님, 제가 지각하게 생겼어요. 좀 빠른 길은 없나요?
B 河边有一条路，不仅车少，而且红绿灯也少。	B 강가에 있는 길은 차가 적을 뿐만 아니라 신호등도 적어요.
A 那我们走那条路吧。	A 그럼 우리 그 길로 가요.
B 可是那条路有点儿远。	B 그렇지만 그 길은 약간 멀어요.
A 没关系，越快越好。	A 상관없어요. 빠르면 빠를수록 좋아요.

(6)
A 马上到了，给您停哪儿？	A 곧 도착하는데, 어디에 세워 드릴까요?
B 停在十字路口这边就可以，谢谢。	B 사거리 이쪽에 세워 주시면 돼요. 감사합니다.
A 这条路又快又好吧？	A 이 길이 빠르고 좋죠?
B 没错，您走的这条路真好，一点儿也不堵车。谢谢，给您钱。	B 네, 기사님께서 온 길은 정말 좋네요. 차도 전혀 안 막히고요. 고맙습니다. 돈 받으세요.
A 给您发票，别忘了拿上自己的东西。	A 영수증 드릴게요. 물건을 챙겨서 내리는 걸 잊지 마세요.

실전 말하기 연습

1.

我家住在望远洞，所以要去国立故宫博物馆的话，要先在望远站坐地铁6号线一直坐到佛光站，然后换乘3号线，坐五站，在景福宫站下车。从景福宫站的5号出口出来后走5分钟就能到故宫博物馆。

坐地铁虽然很方便，不过我更喜欢坐公共汽车，因为比起地铁站，我家离公共汽车站更近，而且坐公共汽车还可以看到窗外的风景。从我家坐601路大概30分钟就能到景福宫站，然后走7分钟左右就能到故宫博物院。

저희 집은 망원동이라서 국립고궁박물관에 가려면 우선 망원역에서 지하철 6호선을 타고 불광역으로 가야 합니다. 그다음에 3호선으로 갈아타고 다섯 정거장을 간 후 경복궁역에서 내립니다. 경복궁역의 5번 출구로 나와서 5분 정도 걸으면 고궁박물관에 도착합니다.

지하철을 타는 것은 편리하지만 저는 버스 타는 것을 더 좋아합니다. 지하철역과 비교하면 저희 집에서 버스 정류장이 더 가깝고, 버스를 타면 바깥의 풍경을 볼 수도 있기 때문입니다. 저희 집에서 601번을 타고 약 30분 정도 가면 경복궁 정류장에 도착합니다. 그다음에 7분 정도 걸으면 고궁박물관에 도착합니다.

단어

望远(洞) Wàngyuǎn(dòng) 고유 망원(동) ▪ **国立故宫博物馆** Guólì Gùgōng Bówùguǎn 고유 국립고궁박물관 ▪ **线** xiàn 양 (교통수단의) 노선 ▪ **佛光(洞)** Fóguāng(dòng) 고유 불광(동) ▪ **换乘** huànchéng 동 (교통수단을) 갈아타다 ▪ **景福宫** Jǐngfúgōng 고유 경복궁 ▪ **离** lí 개 ~까지, ~에서 ▪ **窗外** chuāng wài 창밖, 바깥

11

말하기 훈련

❶

마틴	여보세요? 실례지만 우 선생님이세요?
선생님	네, 전데요.

마틴   선생님, 안녕하세요? 저는 선생님 학생 마틴입니다. 선생님의 영화 수업을 선택과목으로 수강하고 있습니다.

선생님   아, 마틴, 무슨 일이에요?

마틴   오늘 오후 수업에 결강을 신청할 수 있을까요?

선생님   무슨 일 있어요?

마틴   몸이 좀 안 좋아서요. 오늘 오전에 줄곧 배가 아프더니, 지금은 약간 열도 나는 것 같아요.

선생님   병원에는 갔었어요?

마틴   아니요. 약국에 가서 약을 좀 사려고요.

선생님   안 돼요. 약국에 가는 것보다 병원에 가는 게 나아요. 병원의 의사 선생님이 검사를 잘해 주실 거예요.

마틴   선생님, 학교 근처에 병원이 있나요?

선생님   큰 병원들은 모두 비교적 멀지만, 학교 서문 밖에 지역 병원이 하나 있어요. 비교적 작지만 의사 선생님들이 다 괜찮아요.

마틴   아, 저도 본 적이 있는 것 같아요. 감사합니다, 선생님.

선생님   빨리 가 보세요. 진료 마치면 돌아가서 푹 쉬세요.

(1) 마틴은 왜 결강을 신청하려고 하나요?
　　他身体不舒服。今天上午一直肚子疼，现在好像还有点儿发烧。
　　그는 몸이 좀 안 좋습니다. 오늘 오전에 줄곧 배가 아프더니, 지금은 약간 열도 나는 것 같습니다.

(2) 마틴은 병원에 갔었나요? 그는 어떻게 하려고 하나요?
　　没有，他想去药店买点儿药。 안 갔습니다. 그는 약국에 가서 약을 좀 사려고 합니다.

(3) 선생님은 왜 그에게 병원에 가라고 했나요?
　　老师觉得去药店不如去医院，医生可以好好儿帮马丁检查一下。
　　선생님은 약국에 가는 것보다 병원에 가는 게 낫다고 생각합니다. 의사 선생님이 검사를 잘해 줄 것이기 때문입니다.

(4) 선생님은 그에게 어디에 있는 병원에 가라고 알려 주었나요?
　　老师说可以去学校西门外边的社区医院。 선생님은 학교 서문 밖의 지역 병원에 가라고 알려 주었습니다.

2

한나   선생님, 제이슨이 자기 대신 결강을 신청해 달라고 했어요.

선생님   제이슨에게 무슨 일 있어요? 아픈가요?

한나   제이슨은 감기에 걸렸고 다리도 다쳤어요.

선생님　아, 심한가요?

한나　감기는 아주 심하지만 다리는 그렇게 심각하지 않아요.

선생님　병원에는 갔었나요?

한나　갔었어요. 의사 선생님이 병원에 입원하라고 했지만 제이슨이 동의하지 않았어요.

선생님　왜요?

한나　병원이 집만큼 편하지 않대요. 집에는 그를 돌봐 줄 사람이 있으니까요.

선생님　다리는 어떻게 다친 건가요?

한나　그저께 공놀이를 하다가 다른 사람과 부딪쳐서 넘어졌어요.

선생님　지금은 좀 나아졌나요?

한나　오늘은 많이 좋아졌어요. 다음 주에는 수업을 들으러 올 수 있대요.

선생님　모두들 운동할 때 반드시 조심해야 해요. 제이슨에게 집에서 푹 쉬고 빨리 회복하기를 바란다고 전해 주세요.

한나　알겠어요. 선생님, 꼭 전할게요.

(1) 제이슨에게 무슨 일이 있나요?
   他感冒了，腿也受伤了。
   그는 감기에 걸렸고 다리도 다쳤습니다.

(2) 의사 선생님은 뭐라고 말했나요?
   医生让杰森住院。
   의사 선생님이 제이슨에게 병원에 입원하라고 했습니다.

(3) 제이슨은 왜 병원에 입원하지 않았나요?
   他认为医院不如家里方便，家里有人照顾他。
   그는 병원이 집만큼 편하지 않다고 생각하고, 집에는 그를 돌봐 줄 사람이 있기 때문입니다.

(4) 제이슨은 지금 어떤가요? 언제 수업을 들으러 나올 수 있나요?
   他现在好多了。他下星期就能来上课了。
   지금은 많이 좋아졌습니다. 그는 다음 주면 수업을 들으러 올 수 있습니다.

(5) 한나는 제이슨에게 무엇을 전해 줘야 하나요?
   汉娜要转告杰森，老师让他在家好好儿休息，希望他早点儿恢复。
   한나는 제이슨에게 집에서 푹 쉬고 빨리 회복하기를 바란다는 선생님의 말씀을 전해 줘야 합니다.

필수 표현

1.

(1) A 오늘 오후 수업에 결강을 신청할 수 있을까요?
　　B 무슨 일 있어요?

(2) A 의사 선생님이 그에게 병원에 입원하라고 했지만 그는 동의하지 않았어요.
　　B 왜요?

(3) A 그의 다리는 어떻게 다친 건가요?
　　B 그저께 공놀이를 하다가 다른 사람과 부딪혀서 넘어졌어요.

2.

(1) 그에게 무슨 일 있어요? 아픈가요?

(2) 병이 심한가요?

(3) 병원에 갔었나요?

(4) 지금은 좀 나아졌나요?

(5) 그에게 집에서 푹 쉬라고 하세요.

3.

(1) 약국에 가는 것보다 병원에 가는 게 나아요. 병원의 의사 선생님이 검사를 잘해 주실 거예요.

(2) 병원은 집만큼 편하지 않고 집에는 그를 돌봐 줄 사람이 있어요.

(3) 오늘 날씨는 어제만큼 좋지 않아요.

(4) 버스는 지하철만큼 빠르지 않아요.

(5) 무슨 차를 타든 자전거를 타는 것만큼 편하지 않아요.

말하기 연습

1.

(1) 그는 감기에 걸린 데다 기침도 해요. | 나는 기침을 아주 심하게 해서 병원에 가야 해요.

(2) 목이 아프다 | 나는 오늘 목이 좋지 않아서 말을 할 수가 없어요.

(3) 전 중국, 중국 전역 | 색깔을 다 갖추고 있어서 무슨 색깔이든 다 있어요.

(4) 꽃은 죽었지만 나무는 죽지 않았어요. | 그곳에서 차가 충돌했고 한 사람이 죽었어요.

2.

(1) 회사에 가서 휴가를 신청하다 | 선생님께 결강을 신청하다 | 나는 사흘 동안 휴가를 냈어요.

(2) 걸어가는 것보다 자전거를 타는 것이 나아요. | 나의 듣기 실력은 당신만 못해요. | 몸이 한 해 한 해 달라요.

(3) 빨리 오세요. | 어서 나를 좀 도와주세요. | 얼른 책가방을 가져와요.

(4) 그는 부상을 당했어요. | 나는 다친 적이 있어요. | 어떤 사람은 다친 적이 두 번 있어요.

(5) 기침이 심해요. | 날씨가 매우 더워요.

(6) 환자를 간호하다 | 스스로를 잘 돌보세요. | 차의 좌석은 우선 노인과 아이에게 양보해야 해요.

(7) 병이 넘어졌어요. | 바람이 나무를 넘어뜨렸어요. | 길이 온통 눈이라 어떤 사람이 넘어졌어요.

단어

听力 tīnglì 명 듣기 능력 · 病人 bìngrén 명 환자 · 老人 lǎorén 명 노인 · 瓶子 píngzi 명 병

3.

(1) A 선생님, 오늘 수업에 결강을 신청할 수 있을까요?

　　B <u>왜요</u>?

　　A <u>엄마가 중국에 오셔서, 엄마를 모시고 하루 동안 놀러 가고 싶어서요.</u>

> ★ 왜요 / 몸이 좀 안 좋다 / 진찰을 받으러 가다
> ★ 무슨 일이에요 / 룸메이트가 아프다 / 그녀를 데리고 병원에 가다
> ★ 무슨 일이에요 / 아직도 열이 나다 / 좀 푹 쉬다

(2) A 왜 그래요?

　　B 제가 <u>몸이 좀 안 좋아서요</u>. <u>배가 아프고 약간 기침도 나요</u>.

A 병원에는 갔었나요?
B 약국에 가서 약을 좀 사려고요.
A 약국에 가는 건 병원에 가는 것만 못해요. 아무래도 병원에 가는 게 좋겠어요.

> ★ 몸이 그다지 좋지 않다 / 목이 아프다 / 열이 나다 / ~만 못하다
> ★ 다쳤다 / 축구를 하다가 넘어졌다 / 감기에 걸리다 / ~만큼 ~하지 않다
> ★ 아프다 / 머리가 아프다 / 기침이 나다 / ~만큼 ~하지 않다

(3) A 학교 근처에 병원이 있나요?
B 학교 옆에 지역 병원이 하나 있어요. 비교적 작지만 의사 선생님들이 다 괜찮아요.

> ★ 슈퍼마켓 / 작은 슈퍼마켓 / 물건을 다 갖추다   ★ 공원 / 작은 공원 / 그래도 꽤 괜찮나
> ★ 식당 / 작은 식당 / 음식이 아주 맛있다

(4) A 그는 목이 아파요. 아마 감기에 걸린 것 같아요.
B 심한가요?
A 오늘이 어제보다 심해요.
B 얼른 병원에 가 보세요.

> ★ 감기에 걸렸다 / 열도 나다 / 점점 더 심해진다   ★ 다리를 다쳤다 / 많이 아프다 / 아마 꽤 심한 것 같다
> ★ 배가 아프다 / 계속 화장실에 가다 / 오전보다 훨씬 심하다

(5) A 그는 어떻게 된 거예요?
B 넘어져서 다리를 다쳤어요.

> ★ 텔레비전 / (떨어져서) 고장 나다 / 소리가 나지 않다   ★ 꽃병 / (떨어져서) 깨지다 / 꽃도 죽다
> ★ 휴대전화 / (떨어뜨려서) 고장 나다 / 쓸 수가 없다

(6) A 제이슨에게 푹 쉬라고 전해 주세요.
B 네, 제가 꼭 전할게요.

> ★ 그가 빨리 회복하기를 바라다 / 그에게 알려 주다   ★ 내일 일찍 오다 / 그에게 알려 주다
> ★ 우리는 그를 환영한다 / 전하다

단어

踢球 tīqiú 동 공을 차다 ・ 老 lǎo 부 계속, 줄곧 ・ 卫生间 wèishēngjiān 명 화장실 ・ 花瓶 huāpíng 명 꽃병 ・ 没法 méifǎ 동 ~할 방법이 없다

4.

(1)
A 老师，您好！我是您的学生丁丁。	A 선생님, 안녕하세요? 저는 딩딩이라는 학생입니다.
B 哦，丁丁，有事吗？	B 아, 딩딩, 무슨 일이에요?
A 我病了，下午的课，我能请假吗？	A 제가 아파서요. 오후 수업에 결강을 신청할 수 있을까요?
B 可以请假，你好好儿休息。	B 결강해도 돼요. 푹 쉬어요.

(2)
A 你怎么了？	A 무슨 일이에요?
B 我身体不舒服，一直肚子疼。	B 제가 몸이 안 좋아서요. 계속 배가 아파요.
A 你去医院了吗？	A 병원에는 갔었나요?
B 我不想去，我想去药店买点儿药。	B 가고 싶지 않아요. 약국에 가서 약을 좀 사려고요.
A 你最好还是去医院。	A 아무래도 병원에 가 보는 게 가장 좋겠어요.

(3)
A 丁丁，你怎么了？	A 딩딩, 왜 그래요?
B 我头疼，好像还有点儿发烧。	B 머리가 아프고 열도 좀 나는 것 같아요.
A 那你去医院看看吧。	A 그럼 병원에 가 봐요.
B 去药店买点儿药就行吧？	B 약국에 가서 약을 좀 사면 괜찮겠죠?
A 不行，去药店不如去医院，医生可以好好儿帮你检查一下。	A 안 돼요. 약국에 가는 것보다 병원에 가는 편이 나아요. 의사 선생님이 검사를 잘해 주실 거예요.

(4)
A 丁丁来了吗？	A 딩딩 왔나요?
B 老师，他没来，让我帮他请假。	B 선생님, 딩딩 안 왔어요. 자기 대신 결강을 신청해 달라고 했어요.
A 他怎么了？	A 무슨 일이 있나요?
B 他病了，他的感冒很厉害。	B 딩딩이 아파요. 감기가 아주 심해요.
A 现在感冒的人很多，你们都要注意。	A 요즘 감기에 걸린 사람이 많으니, 여러분 모두 조심하세요.

(5)
A 喂，是吴老师吗？	A 여보세요? 우 선생님이세요?
B 我就是。	B 네, 접니다.

A 老师，我是丁丁，今天的课我上不了了。
B 你怎么了？
A 昨天打球的时候，和朋友撞在一起，摔倒了。
B 受伤了吗？
A 我的腿受伤了，不过不太严重。
B 那你别来上课了，好好儿休息，早点儿恢复。

A 선생님, 저 딩딩입니다. 오늘 수업에 제가 들어갈 수가 없어서요.
B 무슨 일이 있나요?
A 어제 공놀이를 하다가 친구와 부딪쳐서 넘어졌어요.
B 다쳤나요?
A 다리를 다쳤어요. 그런데 그렇게 심하지는 않아요.
B 그럼 수업에 오지 말고 푹 쉬어요. 빨리 회복하세요.

(6)
A 他病得厉害吗？
B 很厉害，医生让他住院。
A 那就住院吧。
B 他不同意，他说医院不如家里方便，家里有人照顾他。
A 家里有人就好多了。请你帮我转告他，以后一定要小心。

A 그가 많이 아픈가요?
B 많이 아파요. 의사 선생님이 그에게 병원에 입원하라고 했어요.
A 그럼 입원을 해야겠네요.
B 그는 동의하지 않았어요. 병원이 집만큼 편하지 않고, 집에 그를 돌봐 줄 사람이 있다고 했어요.
A 집에 사람이 있으니 잘됐네요. 나를 대신해서 그에게 앞으로 몸조심하라고 전해 주세요.

실전 말하기 연습

1.

A 您哪里不舒服？
B 我头疼得厉害，好像还有点儿发烧，总觉得冷。
A 什么时候开始不舒服的？
B 从昨天开始就觉得不舒服，晚上还不停地咳嗽。
A 那我们先量一下体温吧。……38.5度，发烧了。
我看一下嗓子，请张嘴说："啊"。……嗓子也发炎了，是感冒。
B 感冒很严重吗？
A 不是很严重，吃一点儿药就可以了。不过嗓子肿得厉害，多喝点温水，今天最好在家休息一天。
B 好的。
A 我给您开点药，去药店买药吧。这药需要连服三天，三天后再来一趟医院。

B 好的，谢谢大夫。啊，对了，能给我开一下证明吗?
A 可以。

A 어디가 불편하신가요?
B 머리가 많이 아프고, 열도 좀 나는지 계속 추워요.
A 언제부터 불편하셨나요?
B 어제부터 아팠어요. 저녁에는 계속 기침이 났고요.
A 그럼 우선 체온을 재 봅시다. ……38.5도, 열이 있네요.
목도 좀 볼게요. 입을 벌리고 '아' 하세요. ……목에도 염증이 있네요. 감기입니다.
B 감기가 심한가요?
A 아주 심한 건 아니니까 약을 좀 먹으면 괜찮아질 거예요. 그렇지만 목이 많이 부었으니까 따뜻한 물을 많이 마시세요. 오늘은 집에서 하루 푹 쉬는 게 좋겠어요.
B 알겠습니다.
A 약을 처방해 드릴 테니 약국에 가서 약을 사세요. 이 약은 3일 동안 드시고, 3일 후에 다시 한 번 병원에 오세요.
B 알겠어요. 감사합니다, 선생님. 아 참, 증명서를 한 장 떼어 주실 수 있나요?
A 그럴게요.

단어

总 zǒng 븻 늘, 줄곧 ▪ 量体温 liáng tǐwēn 체온을 재다 ▪ 度 dù 양 도[온도를 세는 단위] ▪ 张嘴 zhāngzuǐ 동 입을 벌리다 ▪ 发炎 fāyán 동 염증이 생기다, 염증을 일으키다 ▪ 温水 wēnshuǐ 명 따뜻한 물 ▪ 开药 kāi yào 약을 처방하다 ▪ 连服 lián fú 연달아 복용하다 ▪ 趟 tàng 양 번, 차례[횟수를 세는 단위] ▪ 开证明 kāi zhèngmíng 증명서를 발급하다

12

말하기 훈련

1

한나   주말에 뭐 했어요?
마틴   농촌에 갔었어요. 친구가 초대해서 친구네 부모님 댁을 방문했어요.

한나		나는 아직 중국의 농촌에 가 본 적이 없는데, 어떤가요?
마틴		내가 생각했던 것과는 완전히 달라요. 도시와 거의 비슷하고 별 차이가 없는 것 같아요.
한나		나도 요즘 농촌이 예전과는 달라졌다고 들었어요.
마틴		맞아요. 그들의 생활 조건은 아주 좋아요. 쇼핑이나 오락이 아주 편리하고, 집집마다 모두 새 집이에요.
한나		이게 아마도 신문에서 말하는 신농촌인가 봐요.
마틴		그런데 그곳은 사람이 비교적 적었어요. 특히 젊은 사람들이 적고 대부분 노인과 어린이였어요.
한나		아, 젊은이들은 거의 다 도시로 일을 하러 가니까요.
마틴		맞아요. 내 친구네 집이 그래요. 그와 형 두 사람은 모두 도시에서 일하고 부모님만 아직 농촌에 계세요.

(1) 마틴은 무엇을 하러 농촌에 갔나요?

他去朋友的父母家做客。

그는 친구의 부모님 댁에 손님으로 갔습니다.

(2) 마틴이 본 농촌은 어떤 모습이었나요?

和城市差不多，没什么区别，生活条件很好，购物、娱乐，都很方便，差不多家家都是新房子。

도시와 거의 비슷하고 별 차이가 없습니다. 생활 조건이 아주 좋고 쇼핑이나 오락이 아주 편리하며, 집집마다 모두 새 집입니다.

(3) 그곳에 사는 사람들은 어떤 사람들인가요?

大多是老人和孩子。 대부분 노인과 어린이입니다.

(4) 농촌의 젊은이들은 대부분 무엇을 하러 갔나요?

差不多都到城市里去工作或者打工了。

거의 다 도시로 일하러 갔습니다.

2

마틴		나는 농촌에서 생활하는 사람이 정말 부러워요.
한나		왜요? 이번에 농촌에 갔을 때 또 무슨 새로운 발견이라도 했나요?
마틴		그들의 환경이 우리가 사는 여기보다 훨씬 좋다는 걸 발견했어요.
한나		농촌의 환경은 당연히 도시보다 좋죠. 자동차도 그렇게 많지 않고 오염도 그렇게 많이 되지 않았으니까요.
마틴		만약에 여기 환경도 그렇게 좋다면 얼마나 좋을까요!
한나		나도 그러기를 바라죠. 그렇지만 아마 쉽지 않을 거예요.

마틴	그들이 먹는 것도 우리가 먹는 것보다 건강해요.
한나	음식은 어떤 점이 다른데요?
마틴	그들이 먹는 것은 다 무공해 식품이에요.
한나	정말 부럽네요. 그렇지만 도시에서도 무공해 식품을 살 수 있잖아요.
마틴	그들이 먹는 것은 가장 신선한 거예요. 보통 스스로 채소를 심으니까요.
한나	맞아요. 닭도 몇 마리 키울 수 있으니까 매일 신선한 달걀을 먹겠네요.
마틴	그렇죠. 그런 생활이 얼마나 좋아요!

(1) 마틴은 농촌의 무엇을 부러워하나요?
  他羡慕那里环境好，吃的东西健康、新鲜。
  그는 그곳의 환경이 좋고, 먹거리가 건강하고 신선한 것을 부러워합니다.

(2) 농촌의 환경은 도시와 무엇이 다른가요?
  农村的环境比城市好，没有那么多汽车，没有那么多污染。
  농촌의 환경은 도시보다 좋습니다. 자동차가 그렇게 많지도 않고 오염도 그렇게 많이 되지 않았습니다.

(3) 농촌 사람들이 먹는 것은 도시와 어떻게 다른가요?
  他们吃的都是最新鲜的绿色食品。 그들이 먹는 것은 모두 가장 신선한 무공해 식품입니다.

필수 표현

1.

(1) 나는 농촌에서 생활하는 사람이 정말 부러워요.

(2) 만약에 여기 환경도 그렇게 좋다면 얼마나 좋을까요!

(3) 정말 그들이 부러워요.

(4) 이런 생활이 얼마나 좋아요!

2.

(1) A 나는 아직 중국의 농촌에 가 본 적이 없는데, 어떤가요?
  B 내가 생각했던 것과는 완전히 달라요.

(2) 나는 도시와 거의 비슷하고 별 차이가 없다고 생각해요.

(3) 요즘 농촌은 예전과는 달라졌어요.

3.

(1) 이것이 아마도 신문에서 말하는 신농촌인가 봐요.

(2) 아마 쉽지는 않을 거예요.

말하기 연습

1.

(1) 검은 고양이 한 마리와 흰 고양이 한 마리 | 그는 고양이를 몇 마리 키웠어요.

(2) 개 한 마리 | 그는 매일 개를 데리고 산책을 해요.

(3) 양말 한 짝 | 깨끗한 양말

(4) 이쪽 신발이 저쪽보다 작은 것 같아요. | 신발 한 켤레

단어

树 shù 통 기르다, 양성하다, 배양하다 ▪ 散步 sànbù 명 산책 통 산책하다 ▪ 双 shuāng 양 켤레, 쌍[두 개가 짝을 이루는 사물을 세는 단위]

2.

(1) 젊은이 | 그는 아주 젊어요. | 우리 부모님은 이미 젊지 않아요.

(2) 겨우 한 사람만 왔다. | 오직 중국어만 말할 수 있다. | 나는 오직 상하이에만 가 봤어요.

(3) 닭 한 마리 | 고양이 두 마리 | 개 세 마리 | 양말 한 짝 | 신발 한 짝

(4) 차이가 크다 | 차이가 없다 | 이 두 가지 방식의 차이는 무엇인가요?

(5) 신문지 한 장 | 신문 한 부 | 신문을 보다 | 신문에서 말하다

(6) 환경 오염 | 공기 오염 | 오염이 매우 심각해요.

(7) 얼마나 보기 좋아요! | 얼마나 추워요! | 집에서 밥을 먹으니 얼마나 번거로워요!

단어

份 fèn 양 부, 권[신문이나 잡지 등을 세는 단위]

3.

(1) A 그들은 닭을 몇 마리 키울 수 있어서 매일 신선한 달걀을 먹어요.
    B 그런 생활이 얼마나 좋아요!

> ★ 스스로 채소를 심다 / 신선한 채소를 먹다 / 그들이 정말 부러워요
> ★ 여덟 시에 일어나다 / 늦잠을 자다 / 우리도 그렇게 할 수 있으면 얼마나 좋을까요
> ★ 자전거를 타고 있다 / 교외에서 놀다 / 그럼 얼마나 좋을까요, 그들이 정말 부러워요

(2) A 중국의 농촌은 어떤가요?
    B 나는 도시와 거의 비슷하고 별 차이가 없다고 생각해요.

> ★ 그의 사전 / 내 것   ★ 마틴의 중국어 / 중국 사람이 말하는 것
> ★ 토모미는 한자를 쓰는 게 / 선생님이 쓴 것

(3) A 나는 아직 중국의 농촌에 가 본 적이 없는데, 어떤가요?
    B 내가 생각했던 것과는 완전히 달라요.

> ★ 상하이 / 매우   ★ 그들의 집 / 전혀   ★ 그들이 사는 단지 / 완전히

(4) 요즘 농촌은 집집마다 모두 새 집이에요.

> ★ 젊은이 / 저마다 / 아주 독특하다   ★ 은행 / 은행마다 / 인터넷 서비스를 하다
> ★ 큰길 / 길마다 / 신호등이 많다

(5) 현재 농촌은 젊은이가 비교적 적고 대부분 노인과 어린이예요.

> ★ 봄에는 베이징에 비가 내리는 날 / 맑은 날
> ★ 유학생은 유선 전화를 사용하는 사람 / 휴대전화를 사용하다
> ★ 현재 경극을 부를 줄 아는 젊은이 / 노인

(6) A 만약에 여기 환경도 그렇게 좋다면 얼마나 좋을까요!
    B 아마 쉽지 않을 거예요.

> ★ 나도 중국어를 그렇게 잘할 수 있다 / 아마 어렵지 않을 거예요
> ★ 모두 다 지하철을 탄다 / 아마도 그다지 가능할 것 같지 않아요
> ★ 우리도 닭을 몇 마리 키운다 / 아마 그럴 수 없을 거예요

단어

雨天 yǔtiān 명 비 오는 날 · 固定电话 gùdìng diànhuà 명 유선 전화

4.

(1)
A 周末我去了一趟农村。	A 주말에 나는 농촌에 다녀왔어요.
B 是去朋友家做客吗？	B 친구네 집에 손님으로 갔던 거예요?
A 是啊，我以前没去过中国农村，这是第一次。	A 네, 나는 이전에는 중국의 농촌에 가 본 적이 없어요. 이번이 처음이에요.
B 怎么样？	B 어떤가요?
A 跟我想的完全不一样，觉得和城市差不多，没什么区别。	A 내가 생각했던 것과는 완전히 달라요. 도시와 거의 비슷하고 별 차이가 없어요.

(2)
A 我听说，现在的农村和以前不一样了。	A 나는 요즘 농촌이 예전과는 달라졌다고 들었어요.
B 是啊，和城市差不多，没什么区别。	B 맞아요. 도시와 거의 비슷하고 별 차이가 없어요.
A 他们的生活条件怎么样？	A 그들의 생활 조건은 어떤가요?
B 购物、娱乐，都很方便，新房子特别多，差不多家家都是新房子。	B 쇼핑이나 오락 모두 아주 편리하고 새 집도 아주 많았어요. 집집마다 모두 새 집이에요.
A 对啊，现在的农村和以前完全不一样了。	A 맞아요. 요즘의 농촌은 예전과 완전히 달라졌어요.

(3)
A 现在城市里人这么多，农村人一定少吧？	A 지금 도시에 사람이 이렇게 많으니, 농촌에는 사람이 분명 적겠죠?
B 是啊，特别是年轻人少，农村里大多是老人和孩子。	B 네, 특히 젊은이가 적어요. 농촌에는 대부분 다 노인과 어린이예요.
A 哦，年轻人差不多都到城市里去工作或者打工了。可是他们的孩子怎么不和他们在一起呀？	A 아, 젊은이들은 대부분 모두 도시로 일하러 가니까요. 그런데 그들의 아이들은 왜 그들과 함께 살지 않을까요?
B 听说，工作太忙，有孩子不方便，还有一些是孩子要回去上学。	B 일이 너무 바빠서 아이가 있으면 불편하대요. 그리고 (농촌으로) 돌아가서 학교에 다니려는 아이들도 있대요.

(4)
A 我很羡慕生活在农村的人。	A 나는 농촌에서 생활하는 사람이 아주 부러워요.
B 为什么？	B 왜요?
A 我觉得他们那儿的环境比我们这儿好得多。	A 나는 그들의 환경이 우리가 사는 여기보다 훨씬 좋다고 생각해요.
B 是这样，我这次去农村发现他们那儿的环境真好，那儿没有那么多汽车，污染也少一些。	B 그건 그래요. 나는 이번에 농촌에 갔을 때 그곳의 환경이 정말 좋다는 걸 발견했어요. 거기는 자동차도 그렇게 많지 않고 오염도 적더라고요.

(5)
A 我们这儿要是环境好一些，空气好一些，汽车少一些，该多好啊！	A 우리가 사는 이곳이 만약 환경과 공기가 좀 더 좋고 자동차도 좀 적다면 얼마나 좋을까요!
B 那当然好了。不过，可能不容易。	B 그럼 물론 좋죠. 그렇지만 아마 쉽지는 않을 거예요.
A 我太羡慕农村了。他们吃的东西比我们吃的健康。	A 나는 농촌이 아주 부러워요. 그들이 먹는 것은 우리가 먹는 것보다 건강해요.
B 吃的东西不一样吗?	B 먹는 것이 다른가요?
A 当然不一样了，他们吃的都是绿色食品。	A 당연히 다르죠. 그들이 먹는 것은 모두 무공해 식품이에요.

(6)
A 在城市，超市里的绿色食品也越来越多了。	A 도시에서도 슈퍼마켓에 무공해 식품이 점점 많아지고 있어요.
B 可是在农村，吃的是最新鲜的，因为他们一般都自己种蔬菜。	B 그렇지만 농촌에서 먹는 것은 가장 신선한 것이에요. 왜냐하면 그들은 보통 스스로 채소를 심으니까요.
A 是，还能养几只鸡，天天吃新鲜鸡蛋。	A 맞아요. 그리고 닭도 몇 마리 키울 수 있으니까 매일 신선한 달걀을 먹겠네요.
B 这种生活多好啊！	B 그런 생활이 얼마나 좋아요!

1.

上次我陪父母去一趟外婆家，外婆家在农村，就是典型的农村家庭。很长时间没有去过，那里的变化非常大，和以前完全不一样了，我觉得已经和城市差不多，没什么区别。生活条件也很不错，购物、娱乐、交通、教育都很方便，差不多家家都是新房子。我发现那里的环境比我们这儿好得多，没有那么多汽车，没有那么多污染，空气新鲜，周围安静，我觉得特别舒服，我突然羡慕起来生活在这里的人。要是我们这里的环境能这样的话，该多好啊！我们晚上吃的都是外公和外婆自己种的，自己养的东西，算是绿色食品。鸡蛋也特别新鲜，因为他们也养几只鸡。吃完饭后，我觉得身体变得健康了。城市的好学校、好工作不如农村的自由自在的生活，我能过这种日子多好啊！

지난번에 나는 부모님을 모시고 외할머니 댁에 한 차례 다녀왔습니다. 외할머니 댁은 농촌에 있는데 전형적인 농촌 가정입니다. 오랫동안 가 보지 못했더니 그곳은 변화가 아주 많았고 예전과는 완전히 달라져 있었습니다. 나는 이미 도시와 비슷하고 별 차이가 없다고 생각했습니다. 생활 조건도 아주 좋습니다. 쇼핑, 오락, 교통, 교육 모두 다 편리하고 거의 집집마다 모두 새 집입니다. 나는 그곳의 환경이 우리가 사는 곳보다 훨씬 좋다는 것을 발견했습니다. 자동차도 그렇게 많지 않고 오염도 그리 심하지 않은 데다, 공기도 좋고 주위도 조용해서 아주 편안하다고 생각했습니다. 나는 갑자기 이곳에 사는 사람들이 부러워지기 시작했습니다. 만약 우리가 사는 곳의 환경도 이럴 수 있다면 얼마나 좋을까요! 우리가 저녁에 먹은 것은 다 외할아버지와 외할머니께서 손수 심고 기른 것입니다. 무공해 식품이라 할 수 있지요. 달걀도 아주 신선했습니다. 그분들께서 닭도 몇 마리 키우기 때문입니다. 밥을 먹은 후에 나는 몸이 건강해진 느낌을 받았습니다. 도시의 좋은 학교와 훌륭한 일자리도 농촌의 자유로운 생활보다 못한 것 같습니다. 이렇게 살 수 있다면 얼마나 좋을까요!

단어

典型 diǎnxíng 형 전형적이다 ▪ **变化** biànhuà 명 변화 동 변하다 ▪ **交通** jiāotōng 명 교통 ▪ **教育** jiàoyù 명 교육 ▪ **周围** zhōuwéi 명 주위, 주변 ▪ **突然** tūrán 부 갑자기 ▪ **外公** wàigōng 명 외할아버지 ▪ **算是** suàn shì ~인 셈이다 ▪ **自由自在** zìyóu zìzài 형 자유롭다 ▪ **日子** rìzi 명 날, 세월